Dath | Miley Cyrus. 100 Seiten

*** Reclam 100 Seiten ***

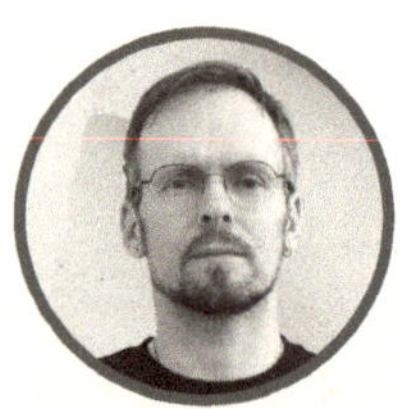

DIETMAR DATH, geb. 1970, ist Publizist, Übersetzer, Pop- und Filmkritiker bei der *FAZ*, Romancier (*Die Abschaffung der Arten*, 2008), Dramatiker (*Die nötige Folter*, 2019), Science-Fiction-Historiker (*Niegeschichte*, 2019), Kommunist (*Maschinenwinter*, 2008), Librettist und halbwegs fleißig. Von Dietmar Dath sind in der Reihe »Reclam 100 Seiten« erschienen: *Superhelden* (2016), *Karl Marx* (2018), *Hegel* (2020) und *Stephen King* (2022).

Dietmar Dath

Miley Cyrus. 100 Seiten

RECLAM

Für M. M., wegen »Bangerz« damals in Frankfurt

2024 Philipp Reclam jun. Verlag GmbH,
Siemensstraße 32, 71254 Ditzingen
Umschlaggestaltung: Philipp Reclam jun. Verlag GmbH
nach einem Konzept von zero-media.net
Bildnachweis: S. 29: akg-images / Mondadori Portfolio / Archivio Francesco Prandoni / Francesco Prandoni; S. 36: akg-images / Album / DISNEY CHANNEL; S. 51: Photo 12 / Alamy Stock Foto; S. 52: akg-images / Album / Nbc Tv; S. 86: WENN Rights Ltd / Alamy Stock Foto
Umschlagmaterial: Creative Print, Schabert
Druck und Bindung: Esser printSolutions GmbH,
Untere Sonnenstraße 5, 84030 Ergolding
Printed in Germany 2024
RECLAM ist eine eingetragene Marke
der Philipp Reclam jun. GmbH & Co. KG, Stuttgart
ISBN 978-3-15-020713-0

Auch als E-Book erhältlich

www.reclam.de

Für mehr Informationen zur 100-Seiten-Reihe:
www.reclam.de/100Seiten

Inhalt

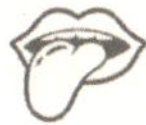

Eins: Die Stimme und das Phänomen

> Auf einmal musste ich singen –
> Else Lasker-Schüler: *Abends*

1. Hörst du das?

Diese Stimme ist verblüffend dunkel, wenn sie nicht gerade singt. Das war schon während ihrer Pubertät so: Fröhliches Kinderplappern ging plötzlich in etwas Dichteres, Volleres über, als hätte jemand unter ein helles Haus über Nacht einen finsteren Keller gebaut; jetzt lebt mehr Resonanz in allen Räumen. Das färbt auch den Gesang; bei glücklichen Songs nur an den Rändern. Aber das dunkle Timbre ist immer da. Ich habe einen Freund, der als Tenor in einem Chor singt, der sagt: »Diese Stimme driftet dauernd Richtung Moll. Da ist so eine Strömung drin, die in den Schatten will. Aber das macht den Stimmumfang nicht schmaler. Und die hohen Töne drückt es nicht nach unten. Es ist unheimlich und sehr schön.«

Diese Stimme kann alles – grummeln, murmeln, unken, jubeln, schnattern, zwitschern und quaken. Und quasseln, dass es quietscht. Beim ersten Gastauftritt von Miley Cyrus in der Comedy-Serie *Two and a Half Men* im Oktober 2012 zum Beispiel: Da feuert sie den Bonbon-Dialogtext, den man ihr in den Mund gelegt hat, dermaßen heftig ab, dass die von dem Weltklassekomiker John Cryer gespielte Jammergestalt Alan Harper glaubhaft behaupten kann, diese Frau schieße mit Wörtern wie eine Pistole mit Kugeln. Und Ashton Kutcher als verkiffter Goldjunge Walden Smith berichtigt, es handle sich wohl eher um ein Maschinengewehr.

Sperrfeuergequassel ist nicht das einzig Erstaunliche, was Miley Cyrus ihrer Sprechstimme beigebracht hat. Manchmal zündet sie damit Feuer an, manchmal brennen Torf und Moor darin. Der anarchistische Outlaw-Country-Musiker Waylon Jennings soll ihren Vater einmal gefragt haben: Wieso hast du deine Tochter schon mit drei Jahren rauchen lassen? So klingt das.

Dem Magazin *Rolling Stone* erzählt sie im Januar 2021: »Mein Wert liegt meiner Meinung nach vor allem in meiner Stimme.« Die Journalistin, der sie das sagt, Brittany Spanos, glaubt ihr. Denn sie erinnert sich daran, dass sie im Jahr 2019 dabei war, als diese Sängerin sich einen Song vornahm, der eigentlich Chris Cornell gehört, einem der kraftvollsten Sänger der Rockmusikgeschichte. Der Song heißt »Say Hello 2 Heaven« und wurde geschrieben für das Projekt Temple of the Dog, zu dem sich in den frühen 1990er Jahren Leute aus den Qualitätsbands Pearl Jam, Soundgarden und Mother Love Bone vereinigt hatten. Fans von Temple of the Dog hatten sich bis 2019 gedacht: Was Cornell für Cornell geschrieben hat, kann nur Cornell singen. Aber Miley Cyrus kann's auch.

Um ihren Namen in diesem Büchlein nicht immer voll ausschreiben zu müssen, um aber andererseits auch nicht, wie bei einem Buch über Marx oder Hegel, einfach durchweg den berühmten Nachnamen zu verwenden (»Marx dachte wohl …«, »danach schrieb Hegel …«), weil sich der auch auf ihren Vater Billy Ray Cyrus beziehen könnte, der hier eine wichtige Rolle spielen wird, und um schließlich auch das in Fankreisen angemessene, für das Büchlein aber distanzlose Ankumpeln per Vornamen (»Miley ist toll«) zu vermeiden, werde ich ab jetzt (wo nicht ein Zitat anderes verlangt) ein Kürzel verwenden, das sie selbst auf Merchandise zulässt: MC.

Das bringt schöne Nebenbedeutungen mit, die wir vielleicht noch werden brauchen können. Ganz zum Schluss, so viel muss ich vorab verraten, wird's doch einmal nicht anders gehen, als dass der Vorname allein steht. Der Sinn hat dann nichts mit der Unterstellung zu tun, der Schreiber dürfe die Künstlerin duzen, sondern etwas mit Dankbarkeit und mit einer Prophezeiung.

Aber da sind wir noch lange nicht.

Erst mal wollen wir hinhören.

2. Wie redet die denn?

Manchmal knetet MC etwas, das sie sagen will, mit Zunge und Zähnen so knatschig durch, als litte sie an Mumps oder hätte einen Mops im Mund. Man kann das unter anderem in einem Interview zu Beginn des Dokumentarfilms *Miley Cyrus: Reinvention* (2013) hören. Da spricht sie das Wort »collabs«, kurz für »collaborations«, also »Kollaborationen«, fast wie das Wort »collapse« (also: »Kollaps«, auf Deutsch: Zusammenbruch) aus.

»Collabs« bezeichnet Songs, Videos, Konzerte, Performances oder Filme, die sie mit anderen Künstlerinnen und

Künstlern gemeinsam produziert. Stattdessen von »collapse« zu reden, hat einen speziellen Nebensinn: Am betreffenden Punkt des Gesprächs geht es nämlich darum, dass MCs Kollegin Demi Lovato den Wunsch ausgesprochen hat, MC solle sich mit ihr, Selena Gomez und Taylor Swift zu einer Supergroup zusammenfinden. Nein, danke, winkt das freundliche Maschinengewehr ab. Paarweise einzeln treffe sie sich ja immer gern mit anderen Talenten, aber »I'm too crazy« für so einen Verein, »I'm not a girl group kinda girl«, ich bin nicht die richtige Art Mädchen für eine Supergruppe.

Das heißt keineswegs, dass sie eine völlig verbohrte Solistin oder Diva wäre. Auch lässt sie nicht nur das eine oder andere Duett zu, sondern tritt nicht selten mit Bands auf, etwa mit den Flaming Lips oder Metallica. Aber eine Girl Group?

Die gute Fee, die an MCs Wiege stand, Dolly Parton, hat hin und wieder vorgemacht, wie so was geht, und sich zum Beispiel mit Grazie eingereiht zwischen die Wüstenrose Emmylou Harris und die Glockenjeanskönigin Linda Ronstadt, um 1986 eine phantastische Version von Phil Spectors »To Know Him is to Love Him« aufzunehmen. Sechs Jahre zuvor hatte sie schon bewiesen, dass es Girl Groups auch für Schauspielerinnen geben kann, nämlich in der Kinosatire *Nine To Five* von Colin Higgins (deutsch *Warum eigentlich … bringen wir den Chef nicht um?*). Darin müssen sich Parton, Lily Tomlin und Jane Fonda in einem typischen Büro jener Jahre als weibliche Angestellte und Ausgebeutete gegen einen dumm zudringlichen Chef behaupten. Sie wehren sich schließlich per Freiheitsberaubung, das heißt, sie stellen den tyrannischen Idioten unter Hausarrest. Der Song zum Film, der so heißt wie dieser, brachte Dolly Parton eine Oscar-Nominierung ein. Da ist sie Solistin, während sie zwischen Fonda und Tomlin sichtlich Zurückhaltung übt, ähnlich wie später im Studio zwischen Harris und Ronstadt.

Mit Zurückhaltung hat aber eben MC spätestens seit ihrem Ausscheiden aus der Disney-Kinderfernseh-Welt nichts am Hut. Sie gestaltet ihre Arbeitsbedingungen stattdessen lieber so, dass etwaige Partnerinnen und Partner selbst für Freiräume an ihrer Seite sorgen müssen: Jede macht ihres, jeder seins. Zu diesen Arbeitsbedingungen gehört, wie gesagt, zentral das Wortmaterial im Lied, am Rollentext oder beim Interview-Freestyle-Bekenntnis. Die Gestaltung dieses Materials erledigt MC mit Hilfe situationsgerechter Tricks – bei *Two and a Half Men* ist das der an Rap-Schnellsprechübungen erinnernde Kniff, Sätze zu kleinen Auffahrunfällen zusammenzuschieben, um selbst banalem Pointenfutter einzuheizen. Im Interview ist es oft der Schlich, mit einer kleinen Portion »Mädchen vom Lande«-Akzent, samt absichtlich verschliffener Aussprache (collabs/collapse), den Sinn des Gesagten ein bisschen zu zerbeulen. Man kann die beiden Wege, den Trick beim Schauspiel und den anderen im Interview, auch kombinieren. Geschieht das, dann wird's Musik – wie auf einer der überzeugendsten »collabs«, zu denen MC sich bereitgefunden hat, dem Song »Muddy Feet« auf *Endless Summer Vacation* (2023). Hier steht ihr die Seelenverwandte Sia bei, sparsam allerdings: mit ein paar Ausklang-Jodeldrehern. Das Stück handelt davon, dass MC einem Quälgeist, der dauernd mit seinen schlammigen Füßen in ihrem Haus und auf ihrem Herzen herumlatscht, die Drohung verpasst, sie werde demnächst etwas unternehmen: »You keep coming 'round / with your muddy feet / Yeah, I'ma have to do something 'bout it / I'm about to do something about it.«

Dieses »about to do something about it«, also: »ich bin im Begriff, was dagegen zu unternehmen«, zieht sie so zusammen, dass es klingt wie: »I'm about to do somebody«. Das kann man so verstehen, dass sie sagt: »Ich bin im Begriff, mit jemandem rumzumachen, mit jemandem Sex zu haben«, im Slang-Sinn der Wendung »doing someone«, wie bei: »she's doing him«. Also: »Wenn du nicht aufhörst, gehe ich vögeln!« Kann man erwachsener drohen? Liebesdurst und Angriffslust!

Hat MC in solchen Momenten einen »Akzent«? Ist das ein künstlicher, ein echter, ein heimatlicher oder selbstgemachter?

In Sprechtraining-Kursen wird das Phänomen regionaler, nationaler oder ethnischer Akzente häufig mit einer Theorie erklärt, die eine Art Einander-ins-Wort-fallen-Problem zwischen Hirn und Mund behauptet.

Das heißt: Eine Person aus Vietnam, die Englisch lernt, spricht »im Kopf« eigentlich alle neu erlernten Wörter sofort richtig aus, weil sie diese Wörter richtig gelernt hat, aber weil sie dann »vietnamesische Mundbewegungen« macht, hört sich das Ergebnis nicht akzentfrei an. Diese Theorie kann man sich leicht merken. Aber in der Realität spielen noch ein paar andere Faktoren in die Sache hinein. Zwischen Deutsch und Englisch zum Beispiel wirkt sich, abgesehen vom Mundwerk, die unterschiedliche Aussprache mancher Vokale und Konsonanten bei geschriebenen Worten, die man ablesen soll, als Verzerrung aus.

Innerhalb desselben Sprachraums wiederum geht es um Sachen, die man in geschriebenen Texten gar nicht leicht sehen kann, zum Beispiel das, was bei MC schon in der Kinderstar-Zeit unüberhörbar ist und »drawl« genannt wird. Man findet es da, wo sie herkommt, in Tennessee, immer noch häufig, auch wenn es langsam durch die elektronischen Massenmedien wegnivelliert wird. Es prägt vor allem die Vokale, zieht sie in die Länge, eher relativ als absolut (im Verhältnis zum jeweiligen Sprechtempo). »Drawl« macht aus einem Monophthong (einem reinen, ungebrochenen, unverbogenen Vokal) leicht einen Diphthong (ein Geräusch, aus dem man zwei Vokale heraushören kann) oder sogar einen Triphthong (den Zusammenklang dreier Vokale).

Zum regionalen »drawl« kommt bei MC ein Spiel mit der Vielfalt zwischen Lauten in verschiedenen Akzenten hinzu, das auf Englisch »Twang« heißt. Dies ist ein lautmalerischer Ausdruck, der ursprünglich den Ton einer gezupften Saite bezeichnet. MCs Arbeit mit Twang setzt unterschiedlich deutliche Drawl-Pointen an entscheidende Stellen – ein besonders schönes Exempel ist, genau wie der Hit mit den schlammigen Füßen, auf dem 2023er *Endless Summer Vacation*-Album zuhause: in der Abschluss-Ballade »Wonder Woman«, wo von der Heldin des Stücks, einer Art Universalfrau oder Gesamtkünstlerin (also nicht einfach der bekannten Superheldin), aus voller Kehle behauptet wird: »When her favorite record's on and she's dancing in the dark / She can't stop her eyes from welling up, up / She makes sure that no one's 'round to see her fall apart / She wants to be the one that never does«.

Diese Wonder Woman will demnach, bedeutet das, diejenige sein, die »das« niemals tut, nämlich zusammenbrechen – aber mit MCs drawl und twang klingt »the one that never does« eben auch wie die Steigerung »the one that never dies«: diejenige, die niemals stirbt.

3. Eine Kunst von und für Cowgirls

Man kann MC dazu beglückwünschen, wie mehrdeutig sie solche Stellen zum Glitzern bringt. Aber es steckt abgesehen von Glamour auch eine Art Bescheidenheit darin, eine Relativierung der Sprech- und Singposition »Star«. Denn es hört sich oft wie ein Gruß an Leute an, die vieles sind, nur keine Stars – Hinterwäldler eher, Rednecks, Hicks, White Trash.

Das Ganze riecht stark nach dem musikalischen Milieu, in das MC hineingezeugt und hineingeboren wurde: Country Music, Country Rock, Bluegrass, Americana.

Zu dieser speziellen Welt gehört, dass selbst (und gerade) diejenigen, die mit der betreffenden Musik Millionen verdienen, achtgeben müssen, weiterhin so zu reden, so zu klingen wie der Kern der Fangemeinde.

Die besteht aus Leuten, die sich meist »white« nennen würden, »weiß«; Leuten aus den Farm-Staaten, aus dem Rust Belt, aus den de-industrialisierten Gegenden der USA, aus heutzutage wirtschaftlich und politisch trüben, verworfenen Regionen: entlassene Cowboys, arbeitslose Arbeiterinnen.

Die schönste und beste Musik des Genres handelt von Kummer. Der Schreinermeister Xander Harris in der Fernsehserie *Buffy, the Vampire Slayer* (die in ihren Anfängen von MCs Patentante Dolly Parton mitproduziert wurde) spricht sehr richtig von »Country Music, the music of pain«.

Der da besungene »Schmerz« ist allzumeist ein einsamer.

Das hat sich von Amerika her sogar bis Irland rumgesprochen, zu den Rockern von Thin Lizzy, deren grandioser »Cowboy Song« vom Sänger und Bassisten Phil Lynott mit den Worten eingeleitet wird: »I am just a cowboy / lonesome on the trail« – in sternenübersäter Nacht, am Lagerfeuer, während der Kojote jault und der heulende Wind klagt.

Ähnlich sieht die Sache eine kontinentaleuropäische Comic-Ikone der franko-belgischen Schule, nämlich der Mann, der schneller schießt als sein Schatten, Lucky Luke, der seit 1957 am Ende seiner Abenteuer gewohnheitsmäßig in den Sonnenuntergang reitet und dazu singt: »I'm a poor lonesome cowboy / and a long way from home.« Der Comiczeichner Morris hatte die Zeilen in einem Film gehört und das Herz der Wildwest-Erfahrung erkannt.

Die erschütterndste Fassung des betreffenden Gefühls regiert einen Song namens »No Soul Knows My Name« von der großen Gillian Welch (auf dem Jahrhundertalbum *Soul Journey* aus dem Jahr 2003): »Ain't one soul in the whole world knows my name / Ain't one soul in the whole world knows my name / But it's written up in the sky / And I'll see it by and by / Ain't one soul in the whole world knows my name.«

In Wirklichkeit ist die Kälte dieser Einsamkeit das Ergebnis einer gar nicht so persönlichen Not. Sie spricht indirekt von einer allgemeineren Problematik, einer sozialen: Die Menschen, für die das Genre zu singen berufen ist, haben vom Leben im Durchschnitt messbar weniger Abwechslung, weniger Beweglichkeit, weniger innere Entwicklung zu erwarten als zum Beispiel kleinbürgerliche oder vermögende Milieus in den Großstädten.

Eine in den Country-Gegenden absterbende Industrie-Arbeitskultur spiegelt sich hier in der durch das Zurückweichen agrarischer Lebensweisen vor der Industrialisierung schon früher schrumpfenden Kultur der Cowboys (die nicht immer

Männer sein müssen: Kein Kerl hat den Cowboyhut je so plausibel getragen wie Gillian Welch auf den Promo-Fotos zum *Soul Journey*-Album). Man kann dann direkt traurig sein oder in zwei verschiedene Richtungen versuchen, dieser Traurigkeit zu entkommen: in eine poetische bis mystische Auflösung der Verlorenheit, die sie kosmisch-zeitlos deutet, oder in den grimmigen, renitenten Hass, der sich mit verstockter Aufsässigkeit rächt – die beiden besten Modelle dieser Alternativen heißen Bob Dylan (»Upon four-legged forest clouds the cowboy angel rides«) und Johnny Cash (»but I shot a man in Reno just to watch him die«). Die dritte Möglichkeit – direkt politische Statements abgeben – gehört, gerade auch bei Dylan reichlich angeboten, eher ins Segment »Folk«, wenn auch nicht zwingend in dessen seit den 1970ern strömungsbestimmendes linkes Liedermachersegment. Dass es auch andere politische Optionen für Americana-Volkstümlichkeit gibt, hat im August 2023 Oliver Anthony mit »Rich Men North of Richmond« klar genug bewiesen.

Wer aus der Trauerlage keinen mystischen, krawalligen oder politischen Ausweg in die populären Künste findet, muss in dem Landstrich, der sie hervorbringt, mit dem Verlust der Farm oder der Behausung an die Bank anders fertigwerden und sieht sich mittlerweile außerdem von einer Betäubungsdrogen-Krise bedrängt, von Hoffnungslosigkeit umzingelt wie Jennifer Lawrence in dem Debra-Garni-Film *Winter's Bone* (2010). Die einschlägige Drogenstory fängt in der betreffenden Gegend individuell oft mit Schmerzmittelmissbrauch an und hat inzwischen ganze Städte verwüstet.

Schwarze Amerikaner wie der Komiker Dave Chappelle fühlen sich von dem, was aus den neuen Horrorzonen berichtet wird, nicht zu Unrecht an die Crack-Katastrophe in den

Nachbarschaften von *African Americans* der 1990er erinnert; Chappelle hat darüber in einem Netflix-Special 2019 den bösen, aber treffenden Witz gerissen, nun wisse er endlich, wie sich die Weißen damals gefühlt haben, denn das, was jetzt passiere, sei ihm genauso egal wie den Weißen seinerzeit das Elend in den afro-diasporischen Ghettos.

4. Schwarzweiße Klangbilder

Von den Südstaaten der USA hat man schon kurz nach dem Bürgerkrieg, der in den 1860er Jahren zwischen dem Süden und dem Norden unter anderem um den Streitpunkt der Sklaverei ausgetragen worden war, häufig gesagt, die Weißen hätten diesen Krieg dort zwar verloren, aber die Schwarzen hätten ihn nicht gewonnen. Die Geschichte der »Black Music« auf dem nordamerikanischen Kontinent ist eine Erzählung davon, was aus solchen sozialpolitischen Voraussetzungen entstehen kann, mit starker Ausstrahlung aus der afro-diasporischen in die übrige Pop-Welt; man denke nur an einen Mann, der aus demselben Staat kam, in dem auch MC aufgewachsen ist, einen Mann, von dem man sagte, er sehe aus wie ein Hillbilly und singe wie ein *Black* Rhythm 'n' Blues-Künstler: Elvis Presley.

Als Glen Campbell 1975 sein Lied »Rhinestone Cowboy« schrieb, in dem das schambeladene Image des Hinterwäldlers mit Show-Accessoires zu höchstmöglicher Ehre aufgerüstet wird, ein Lied, das dann buchstäblich um die Welt ging und unter anderem vom Pop-Frauenschwarm Neil Diamond, dem Schlagersänger Howard Carpendale und dem Big-Band-Unterhaltungszirkusdirektor James Last gecovert wurde, hatte

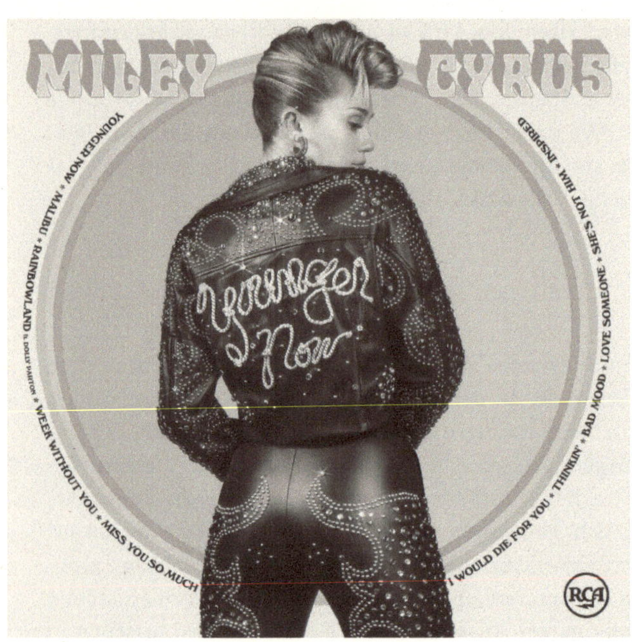

Younger Now

die afrodiasporische Musik- und Lebensstilwelt den Cowboys und Hicks längst zwischen Blues, Jazz, Swing und Rhythm ’n’ Blues vorgemacht, wie man die Zeichen des Ausgeschlossen- und Abgedrängtseins zu Symbolen des Besonderen, zu Emblemen der Souveränität umdeutet (wer den Stil, den die Formel »Rhinestone Cowboy« meint, in absoluter Vollendung bestaunen will, soll sich das Cover von MCs Album *Younger Now* aus dem Jahr 2017 anschauen; wer außerdem noch wissen will, wie dieser Stil als Musik klingt, lausche dem Duett mit Dolly

Parton, »Rainbowland«, auf derselben Platte, und wer einen Film sehen will, der das alles verstanden hat, muss sich Greta Gerwigs *Barbie* aus dem Jahr 2023 anschauen).

Ist ein Hillbilly mehr wert, wenn man ihn mit Strass beklebt? Hör zu, weißer Junge, und lerne, wie das, was als billig und verächtlich gilt, anders angeschaut werden kann: »Black«, die verachtete Erscheinung, sei »beautiful«, hieß es in den 1960ern, und noch mitten in der Crack-Katastrophe wurde in der Hip-Hop-Welt sogar das N-Wort zum Kampfnamen »with attitude« (mit rebellischer Haltung eben, wie im Bandnamen NWA abgekürzt). Die Macht oder die Mehrheit brüllen ja immer wieder bestimmte Menschen an: »Ihr dürft nicht mitmachen!« Eine mögliche, (gegen-)kulturell oft recht erfolgreiche Antwort darauf lautet: Mitmachen? Bei euch? Das wollen wir gar nicht, unsere Eigenheiten sind uns wichtiger – wie wir aussehen, wie wir sprechen, singen, tanzen, spielen.

Madonna setzt also den Cowboyhut auf, denn er bedeutet, wo diese Umdeutung greift, nicht mehr: »Ich muss Kuhscheiße schaufeln!« Etwas später läuft's sogar mal andersherum als in den vielen Fällen, in denen weiße Künstlerinnen und Künstler sich afro-diasporische Attribute angeeignet haben, nämlich indem die unvergleichliche Beyoncé 2016 den Song »Daddy Lessons« aufnimmt, samt Rodeo-Video und einem Remix in Zusammenarbeit mit der Country-Frauenband, die damals noch Dixie Chicks hieß und jetzt The Chicks heißt.

Beyoncé singt: »With his gun, with his head held high / He told me not to cry / Oh, my daddy said shoot.« Die Mutter von Johnny Cash hat ihrem Sohn noch etwas anderes mitgegeben, wenn man dem »Folsom Prison Blues« (1955) glauben darf: »When I was just a baby, my mama told me: Son / Always be a good boy, don't ever play with guns.« Nur hat das nix geholfen, denn, wie schon zitiert, heißt es bei Cash danach: »But I shot a man in Reno, just to watch him die.«

Hört man hintereinander beide Stücke, das von Cash und das von Beyoncé, steht die Frage im Hörraum, ob am Ende die Figur »Outlaw« oder »Bandido« aus der Country-and-Western-Welt vielleicht etwas mit den Figuren »Gangsta«, »Hustler« oder »Pimp« im Hip-Hop und sonstiger Black Music zu tun haben könnte. Sind diese zwei Arten von, nun ja, Lösungen vergleichbar, obwohl die Probleme es nicht unbedingt sind, die sie ästhetisch lösen?

Der Tausch von Zeichen zwischen ausgegrenzten, eingeschlossenen, abgehängten, unterdrückten, ausgebeuteten oder anderweitig abgewerteten Menschengruppen ist eine stachlige Sache. Man kann viel falsch machen, wenn man's versucht. MC scheut davor nicht zurück. Das geht nicht erst beim Singen los oder bei Fragen der Sprechweise (dem »Jive« der *African Americans*, den sie mitunter adaptiert), sondern beim Tanzen – »twerking«, ausdrucksstarke Bewegungen mit Po und Hüften, die in den 1990ern im Hip-Hop-Show- und -Videoclip-Kontext aufkamen, hat MC im vollen Wissen darüber erlernt und praktiziert, dass ein weiter Bereich zwischen Füßen, Becken, Hintern, Haut und Haaren »from coon to cool« (wie die Tanzwissenschaftlerin Brenda Dixon Gottschild sagt), also vom stigmatisierten, misshandelten bis zum bewunderten und imitierten afro-diasporischen Körper mit Musik verwandelt wurde zu einer der Zentralerrungenschaften der Kultur der *African Americans*. Spätestens auf dem MC-Album *Bangerz* (2013) sind, passend zur Tanzpraxis, Spurenelemente von Rap in der Vortragsweise nachweisbar. Das ist eine Stilentscheidung, die schnell zur Infragestellung von Aufrichtigkeitsansprüchen der betreffenden Künstlerin führen kann, man denke etwa an die Umstrittenheit der zweifellos begabten, zwei Jahre nach MC geborenen australisch-amerikanischen weißen Rapperin Iggy Azalea, die sich traute, krasse Zeilen zu rappen wie »oh what? A white girl with a flow ain't been seen before« (auf einem Song, der sie unbescheiden genug als »Goddess« vorstellt) und deren Debüt-Album *The New Classic* (2014) auf dem über jeden Zweifel erhabenen Label Def Jam erschien. Für ihren Entschluss, auf einem Herzgebiet der *Black Music* arbeiten zu wollen, musste diese Rapperin sich dann über mehrere Jahre harte Attacken gefallen lassen, unter anderem von einem anderen weißen Künstler, der allerdings zugleich einer der besten Rapper ist, die es je gegeben hat, nämlich Marshall Bruce Mathers III alias Eminem.

MC gebraucht die Zeichen der *Black Music* mit dem schuldigen Respekt. Auch Leihgaben aus dem *African-American Vernacular English*, manchmal mit kulturpolitischem Hintersinn »Ebonics« genannt, führt sie nur so im Mund, dass nicht zu überhören ist: Sie weiß, was sie da treibt.

Auf dem Song »Party in the USA« (2009) verbindet sie zwei Gesten, die man leicht für dieselbe halten kann: a) »ich zeige euch, woher ich komme« und b) »ich zeige euch, für wen ich singe«, und ergänzt sie um eine intelligente Bekundung angemessener Achtung für ein geschmackssicher adressiertes Vorbild aus einem von den Milieus ihrer Herkunft wie dem ihrer Fans sehr verschiedenen Lebenskreis. Das Lied erzählt davon, wie sie, eine junge Frau aus Tennessee, in Los Angeles aus dem

Flugzeug steigt, um den Schritt ins große Pop-Business zu wagen. So springt sie ins Taxi, erkennt zu ihrer Rechten den berühmten HOLLYWOOD-Schriftzug am Hang, findet das alles irre, ist entsprechend nervös, und »that's when the taxi man turned on the radio / And a Jay-Z song was on / And a Jay-Z song was on / And a Jay-Z song was on.«

Die Wiederholung verwandelt etwas, was zuerst nur ein Wiedererkennen ist (Ah ja, Jay-Z, den mag ich!) durch Ausschmückung der Gesangslinie in einen kleinen Jubel. Das hat, als Vokalperformance, mehr mit Rihanna und Beyoncé zu tun (genau wie MCs Shows) als mit Taylor Swift oder Sia.

Und dann folgt der Refrain: »So I put my hands up / They're playin' my song, the butterflies fly away / I'm noddin' my head like, yeah / Movin' my hips like, yeah.«

Ein Stern kommt zu sich und weiß von da an, wohin er will – »Get to the club in my taxi cab«, da geht es gleich weiter, unter anderem mit »a Britney song« (dazu später). Feiern, aber im Bewusstsein der Kontexte des Feuer- und Feierwerks: Auf *Bangerz* heißt es im Stück »We can't stop«: »Red cups and sweaty bodies everywhere / Hands in the air like we don't care«, eine klassische Hip-Hop-Formel, denn: »So la-da-di-dadi, we like to party / Dancing with Molly.« Der letzte Vers dieser Kette brachte ihr einigen Ärger. Denn außer Hip-Hop-Codes und Country-Anspielungen gibt's in ihrem Repertoire, wie hier, immer wieder Signale, die sich als Grenzverletzungen nicht zwischen Kulturdomänen sondern zwischen anderweitig schicklichem und unschicklichem Verhalten lesen lassen – »Molly« ist ein Szene-Name für MDMA, ein Kürzel für die chemische Substanz 3,4-Methylendioxy-N-methylamphetamin, eine synthetische Droge, der Name wird häufig synonym mit dem Wort »Ecstasy« gebraucht.

Heftig feiern, hart arbeiten, zwischen beidem rastlose Kommunikation: MC kollaboriert nicht nur mit den Besten, sie lernt sie dabei auch persönlich gern näher kennen. Mit Pharrell Williams, einem ihrer Producer in der *Bangerz*-Ära, saß sie nach eigenen Angaben nächtelang zusammen und hat sich mit ihm ausgetauscht, vor dem Einschalten irgendeines Aufnahmegeräts, weil sie weiß, dass Inhaltliches und Persönliches durchgesprochen werden müssen, bevor eine Stimme einen Sound finden kann, mit Twang, Drawl und African-American Vernacular English, auf die man Effektgeräte loslassen kann und muss, damit die Tracks so geile Stellen ausspucken wie die phantastische auf dem Titelstück von »Can't Be Tamed«, an der MC den Satz »I'm not a brat like that« im Mickey-Mouse- bzw. Chipmunk-Sound quäkt.

Die Konkurrenz, mit der sie sich in diesem Moment misst, heißt nicht Billie Eilish oder Adele, sondern Miku Hatsune bzw. Hatsune Miku. Das ist eine virtuelle Figur und computerprogrammiert synthetische Stimme (Fachname: »Vocaloid-Gesangssynthesizer«), die unter anderem bei einigen Songs der Band Supercell, ja, wie soll man sagen, am Mikrophon steht? Eben nicht, da steht dann: niemand.

MC hat keine Angst vor Technik, vor Filtern, vor Autotune, vor Korrektur, Verstärkung und Formung dessen, was aus ihrer Lunge kommt, aber genauso wenig davor, sich 2017 mit dem Fernsehmoderator Jimmy Fallon in New York in einen U-Bahn-Durchgang zu stellen und ohne stimmstützende Hilfsmittel eine Superfassung von Dolly Partons »Jolene« unter verschärften Akustik- und Passagenbedingungen hinzulegen (»This is my first time at the subway station«), samt, als Zugabe, »Party in the USA«, mit durchgerappten Strophenteilen.

Studiotricks?

Klar.

Straßenmusik samt Rap?

Jederzeit.

Genrewechsel?

Kein Problem, wie sie abermals mit Jimmy Fallon und ebenfalls im Jahr 2017 gezeigt hat, als sie dessen lustigen »Genre Challenge«-Test bestand, indem sie eine absurde Bluegrass-Version von R. Kellys »Ignition« und eine Popfassung des Cardi-B-Hammers »Bodak Yellow« improvisierte.

5. Masse und Prägnanz: Hit-Konzepte

Okay, aber wie wäre es mal mit einer feisten, opernhaft aufgedonnerten Arie, die live das Dach der Festhalle zum Wackeln bringt?

Ich rede natürlich von »Wrecking Ball« (2013), MCs erstem Welthit.

Sie wusste damals sehr genau, was sie da einsingt. Sie hat dieses Wissen auch mit anderen geteilt, die ihrem prophetischen Statement, hier sei ein Hit gefunden worden, eher skeptisch begegneten: Im Studio legte sie sich darauf fest, aber einer der Produzenten, Łukasz Sebastian Gottwald alias Dr. Luke, der schon Kelly Clarkson, Katy Perry und Pink einige ihrer schärfsten Feger beschert hatte, zweifelte daran, dass »Wrecking Ball« es auf den ersten Platz der US-Pop-Charts schaffen würde. So bot MC ihm eine Wette an, mit vielsagendem Einsatz – wenn der von ihm für unwahrscheinlich gehaltene Fall einträte, sollte er ihr eine Numi-Designer-Toilette kaufen, andernfalls müsste sie eine für ihn bezahlen. Die Dinger kosten 10 000 Dollar, MC war ihrer Sache also sicher – und behielt recht.

Darf man sie dafür »berechnend« nennen? Stimmbewusstsein, Effektintelligenz, Kenntnis des Publikums: Ist dieser Kopf ein kühler und sucht sich seine Ausdrucksmittel, vom Tennessee Twang über den Southern Drawl, das *African American Vernacular English*, das Twerking und den Autotune-Einsatz, jeweils so zusammen, wie das eine Werbeagentur bei einer großen Kampagne tut? Dafür spricht, dass MC sichtlich viel von Investitionen und Opportunitätskosten versteht – im September 2023 beeindruckte sie zum Beispiel die Business-Medienplattform *Forbes* mit der Enthüllung, dass sie auf der *Bangerz*-Tour keinen Gewinn gemacht habe, der hohen Qualitätsanforderungen wegen, die sie an den eigenen Tournee-Apparat stellte. Sie hat eine Einzahlung auf späteren Ruhm vorgenommen und kann ihre Laufbahn in Phasen denken: In Zukunft, verriet sie ebenfalls 2023, wolle sie lieber keine Stadion-Touren mehr absolvieren, die räumliche und damit emotionale Trennung vom Publikum sei ihrer Entfaltung in der Musik hinderlich (was Taylor Swift dazu wohl sagen würde?). Pop-wirtschaftliche Planung: Ist diese Denkart eine *workable* Hit-Quelle?

Am Einzelfall, das heißt präziser, gefragt: Was macht zum Beispiel »Wrecking Ball« zum Hit?

Hits sind Chancen für Künstlerinnen und Künstler, das zusammenzufassen, was sie künstlerisch wollen. Aber Hits können auch zu Mühlsteinen um den Hals werden, wie MC lange vor ihrem ersten Hit bei ihrem Vater Billy Ray Cyrus und dessen (ursprünglich von anderen Leuten für andere Leute geschriebenen) Hit »Achy Breaky Heart« (1992) hat studieren können.

Hits sind große Songs, auch wenn nicht alle großen Songs Hits sind.

Was macht einen Popsong groß? Da gibt es mindestens zwei Ansätze: Man kann sie »Kraft« und »Fülle« nennen oder »Klarheit« und »Reichtum« oder »Intensität« und »Komplexität«.

Mein lieber Frankfurter Kollege, der Kritiker Jan Brachmann, spricht von »Prägnanz« einerseits und »Masse« andererseits. Der Unterschied zwischen den zwei Kardinaltypen lässt sich ganz gut an zwei Stücken einer in Charts und auf Bühnen gleichermaßen nahezu unbesiegbaren Band aufzeigen, nämlich Queen. Kraft prägt eher »We Will Rock You« (1977), Fülle zeichnet dagegen eher »Bohemian Rhapsody« (1975) aus.

Das heißt nicht, dass in »We Will Rock You« nicht auch vielerlei drinsteckt oder dass »Bohemian Rhapsody« keine Momente reiner Intensität ausstellt. Aber die Konstruktion, die Gesamtform, legt den Akzent jeweils entweder auf den straighten Rumms oder auf das detailreiche Breitwandkino. Interessanterweise verträgt sich die Herstellung von »Intimität«, die Erzeugung des Gefühls, man sei beim Hören ganz allein mit der Musik, eher mit dem Reichtums-Modell als mit dem Kraft-Ansatz, siehe bzw. höre den Anfang und das Ende von »Bohemian Rhapsody«.

Beide Ansätze, Kraft wie Reichtum, hat MC mit höchster Konsequenz in ihrer kalkuliertesten Werkphase zum Einsatz gebracht, bei *Bangerz* (der Albumtitel heißt ja nichts anderes als: »Hits«). So ist »Wrecking Ball«, die Krönung dieser Phase, eine auf die Minimalvoraussetzungen der Fülle (»stille Stellen neben Opernkrach«) abgespeckte »Bohemian Rhapsody«,

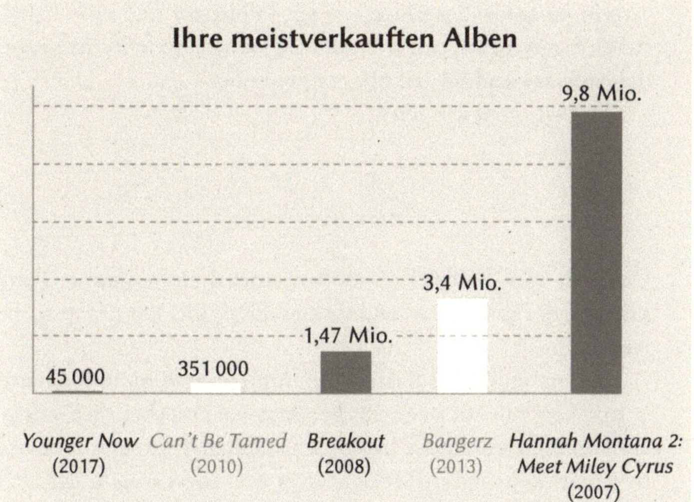

während »We Can't Stop« auf derselben Platte eine Art auf kleiner Ecstasy-Flamme bis zur Verflüssigung geschmolzenes »We Will Rock You« ist.

Man kann bei MCs größten Erfolgen die Produktionsstrategien beschreiben. Aber lassen sich diese Erfolge auf die Strategien reduzieren? Sind sie nicht eher Mittel zum Zweck, und wenn ja, zu welchem? Selbstdarstellung?

Wer ist dieses »Selbst«, und was geht es (wo doch ein »Selbst« was Privates und Subjektives ist) ein Publikum oder gar eine Kritik an?

Karl Kraus lehrt: »Der Künstler will gefallen, aber er tut nichts zu Gefallen. Die Eitelkeit des Künstlers befriedigt sich im Schaffen.«

Nur so kann diese Eitelkeit ein Publikum und eine Kritik für sich gewinnen, nur so findet sie Fans und vielleicht Leute, die Aufsätze und Bücher über sie schreiben.

Aber wie geht das genau?

6. Eine Bekehrung

Das geht zum Beispiel so: Es war einmal ein deutscher Popkritiker, der meinte, er wüsste Bescheid. MC konnte er nicht leiden.

Ihre ersten Gehversuche rund um *Hannah Montana* hatte er mit Abscheu zur Kenntnis genommen. Das christlich-züchtig-familienfreundliche Image der Hannah-Figur stieß ihn ab. In einem Zeitungsartikel nannte er MC 2009 wegen der Unschulds-Verkörperung eine »Liebestöterin«. Kaum hatte er sie beschimpft, vergaß er sie. Ein paar Jahre später wurde er von Bekannten auf eine ihrer Kolleginnen aufmerksam gemacht, die Sängerin Sky Ferreira, deren Debüt-Album *Night Time, My Time* (2013) ihn beeindruckte, weil es eine plausible und tanzbare akustische Inszenierung der Idee »ungesund, aber stark aussehen im Neonlicht« ist. Diese Frau, erzählte man ihm, werde demnächst nach Deutschland auf Tour kommen, als Hallenaufwärmerin der vermeintlichen »Liebestöterin«. Von der hatte er mitbekommen, dass sie neuerdings Club- und Radio-Hits schuf, unter anderem eine Drama-Bombe namens »Wrecking Ball«. Darüber hinaus verband er mit MC nichts als vages Grauen und ein nettes kleines Erlebnis: Die niedlich altkluge Tochter eines Freundes, elf Jahre alt, hatte mit großer Entschiedenheit erklärt: »Ich mag die Hannah Montana, das ist in echt die Meili Zitrus.«

Vielleicht lag es daran, dass dem Popkritiker die Kindermund-Verballhornung des Künstlerinnennamens zusagte, vielleicht auch an Neugier, jedenfalls ging er schließlich in Frankfurt am Main aufs Meili-Zitrus-Konzert, um Sky Ferreira zu sehen und sich zumindest die ersten beiden Songs des Hauptacts anzuhören und anzuschauen, der Fairness halber.

Sky Ferreira legte einen erfreulichen Auftritt hin. Eine Pause erlaubte dem Popkritiker, sich zu sammeln. Und dann fiel MC auf die Bühne und blies dem Heini innerhalb von zwölf Minuten und drei Nummern komplett die Vorurteile aus dem dummen Kopf.

So schrieb er also in der *Frankfurter Allgemeinen Zeitung* vom 10. 6. 2014 unter der Überschrift »Schmutzfink mit Adlerherz«: »Wenn die Scheinwerfer kurz Luft holen dürfen, leuchtet Miley Cyrus im Finstern wie ein Apfel, den man lebensmittelchemisch mit Ehrgeiz und hypergelenkiger Körperintelligenz gespritzt hat, bis er vor Übermut anfängt zu singen. Und zu quietschen. Und zu schmachten, zu röhren, zu raspeln, zu husten, zu flehen oder dreckig zu lachen.« Nach einigen Detailschilderungen bildet der Text sich eine informierte Meinung: »Während also rutschige (›Love Money Party‹), zickige (›4 × 4‹) oder der Meeresbrandung abgelauschte (›Wrecking Ball‹) Rhythmen die Vaudeville-Exzesse (Faxen mit einer kleinwüchsigen und einer ausladenden Tänzerin, Flachsen mit einem riesigen Muppet-Vogel) grundieren, fasst sich Frau Cyrus überall hin, führt einen BH und ein Po-Polster in Lippenform vor, die dem Publikum die Zungen zeigen (so was hätte Mick Jagger auch gern, aber er ist halt bloß ein Mann), schimpft wie ein Rohrspatz (›fuck‹, ›shit‹, ›titties‹) und flattert unermüdlich mit den Flügelchen, bis die Leute auf den Rängen und im Publikumsgraben die Hände hochwerfen, wie man dies tut, wenn man sich einer Übermacht ergibt: Okay, Gnade, Erbarmen, du hast gewonnen, Miley, wir fressen alles, bitte mehr davon, wir halten es nämlich nicht mehr aus und wollen es sofort noch ärger nicht mehr aushalten! Alle hier sind zwei Stunden lang fünfzehnjährig, und am allerfünfzehnjährigsten sind natürlich die paar vereinzelten Vierzigjährigen, die haben es ja am nötigsten (sie hören nämlich privat, also wenn sie nicht gerade ihre Töchter zur Walpurgisnacht begleiten, sicher das Allerschlimmste, was es gibt: anspruchsvolle Rockmusik für reife Menschen).«

Der Mensch, der da seine Erlösung von Schwerhörigkeit, Hartherzigkeit und getrübtem Blick zu Protokoll gab, war ich.

Seit damals bin ich bekennender Cyruloge.

Die Cyrulogie ist keine Sekte, sondern eine obsessive, unablässige, den Kopf so sehr wie das Herz beanspruchende Beschäftigung mit Werk und Leben von Miley Cyrus. Cyruloginnen und Cyrulogen sind also eine Untermenge der »Smilers«; dieser Name für sämtliche MC-Fans ist eine dieser typischen Fanmengen-Bezeichnungen netzgestützter Popkultur – es gibt ja auch die Selenators, also Selena-Gomez-Süchtige, die Lovatics, die ihr Leben Demi Lovato geweiht haben, die von Justin Bieber verblendeten Beliebers, die Swifties, die Taylor Swift hinterherlaufen, und die Arianators, denen Ariana Grande das Größte ist. Wahrscheinlich schadet es nichts, dass alle diese Clans keinen so schlimmen Namen haben wie eine ganz spezielle Horde von Freaks, die in heißer Liebe zur Thrash-Metal-Band Slayer entbrannt sind, die »Slaytanic Wehrmacht«.

Die Smilers sind eine Verhandlungsmasse, mit der Leute wie MC sich in einer Welt behaupten können, die zwischen den Resten der sterbenden klassischen Plattenindustrie und der neuartigen Netzverwertung von *content* aller Art nichts lieber tut, als mittels Kundschafts-Datenerhebung Parameter zu erzeugen, die als Gitterstäbe in Käfigen Verwendung finden, aus denen die Künstlerinnen und Künstler nicht mehr ausbrechen sollen.

»Meine Fans wollen das aber so, auch wenn der Konzern es anders will«, ist einer der wenigen Sätze, die in diesem Käfig der Kunst etwas Freiheit verschaffen. Nur indem sie neue Fans fand, konnte MC sich von Disney emanzipieren und später mit diesem Konzern punktuell wieder gemeinsame Sache machen, aber nicht zu Bedingungen wie derjenigen, die man ihr aufzwang, als sie sich gegen Ende der *Hannah Montana*-Zeit den Oberkörper einschnüren lassen musste, weil pubertierende Körperformen die Illusion der sich selbst gleichbleibenden Titelfigur gestört hätten.

2023 musste sich vielmehr umgekehrt Disney von ihr sagen lassen, welche Präsenz, welche Bewegungen, welchen Gesang der Konzern würde verbreiten dürfen, als der Streaming-Kanal Disney+ zur achten MC-Studioplatte *Endless Summer Vacation* das »Original Special Event« namens »Miley Cyrus – Endless Summer Vacation (Backyard Sessions)« ausrichtete, in Zusammenarbeit mit dem Plattenlabel Columbia Records und MC als ausführender Produzentin.

Es braucht aber nicht nur Fans, sondern auch Entschlossenheit, wenn man zu etwas so Gigantischem wie Disney ein Verhältnis haben will, bei dem man das Riesending wie ein Instrument zur Durchsetzung eigener Absichten behandelt, mit allen einschlägigen Vor- und Nachteilen, nach dem Motto: Jede Sache hat ihre guten und ihre bösen Seiten, oder poetischer: Jede Rose hat ihre Dornen.

Ein Lied, das so heißt, könnte als Motto über allen Fragen nach Strategie und Taktik der Künstlerin MC stehen. Dieses Lied gibt es wirklich, allerdings stammt es nicht von ihr – dafür hat sie es gecovert, auf *Can't Be Tamed* (2010), ihrer ersten erwachsenen Platte. »Every Rose has its Thorn« stammt aus dem Repertoire von Poison, einer Band aus dem Glam-Metal-Haarspray-Hard-Rock-Milieu, das seine verchromten Verbrennerpferdchen täglich mit Benzin tränkt. Der Sänger, dessen Worte MC sich so lieh, war und ist eine Legende – Bret Michaels. Die Anekdoten, die Drogen, die Motorräder, der Alkohol, die Groupies, um Gottes willen! Schon vor 30 Jahren war Mr. Michaels für seine Unzerstörbarkeit dermaßen berüchtigt, dass der Spruch »den Atomkrieg werden nur Kakerlaken und Bret Michaels überleben« aufkam, woraus die Fernsehserie *Revolution* (2012 bis 2014) einen schönen Insiderwitz gebaut hat: Man sieht nach dem Weltuntergang eine karge Siedlung, die ein Unterhaltungsangebot zu bieten hat, und wer spielt Gitarre und singt »Every Rose has its Thorn«? Bret Michaels von Poison, war ja klar.

Die Entstehungsgeschichte des für das Poison-Album *Open up and say … Aahh!* (1988) aufgenommenen Songs hat Michaels oft erzählt, die Symbolik oft gedeutet: Die Rose steht für den Erfolg, denn der Mann war gerade erst ein Star geworden und tourte mit seiner Band durch unendliche Weiten, aber er musste dafür einen Preis bezahlen, den Verlust von Liebe und Vertrauen bis hin zur Paranoia bei persönlichen Beziehungen.

Michaels will das Stück 1986 in einem Waschsalon geschrieben haben, der zu einem Hotel in Dallas, Texas, gehörte. Ein Freund aus dem heimatlichen Los Angeles soll ihm da gerade telefonisch verraten gehabt haben, Michaels' damalige feste Freundin sei in eine heimliche Affäre mit einem Musiker einer sehr berühmten Band verwickelt gewesen, »weil der mehr Geld hat als du und ein schnelleres Auto«. Die Moral der Geschichte könnte schlichter nicht sein: Die zwei betrügerischen Beziehungsferkel blieben nicht zusammen, das traurige Lied aber machte es sich volle acht Wochen lang auf Platz 1 der US-Singles-Charts bequem.

»Jede Rose hat ihren Dorn« ist ein Gesetz, das alle Menschen kennen: Es gibt auf der Welt nichts gratis, zum Glück gehört der Schaden. Das bedeutet für Kunst, dass man ein Kirchenfenster mit einem kleinen Sprung schöner finden kann als eines ohne oder dass ein Sample einer alten Aufnahme, das in einem Hip-Hop-Track Verwendung findet, durch das Knistergeräusch der Schallplatte, von der die alte Aufnahme genommen wurde, nicht verdorben wird, sondern mit Patina und Aura gesegnet. Die Rose riecht fürs Publikum reicher, wenn es den Dorn erkennen kann.

Bei MC ist der Dorn ein Stimmleiden. Sie musste sich deswegen 2019 sogar einer chirurgischen Behandlung unterziehen. Der Fachname der Erkrankung lautet »Reinke-Ödem« und rührt bei MC daher, dass sie seit Kindertagen singt und früh mit dem Rauchen und Trinken angefangen hat. Der deutsche Volkswitz behauptet bei manchen Gebrechen beruflich hochaktiver Menschen: »So was kommt vom Sengen, Morden und Brandschatzen«, aber dass es auch davon kommen kann, dass jemand sich müht, die Menschheit zu erfreuen, ist leider Tatsache. Gerade in Zeiten volldigitalisierter Aufnahme- und Leistungsveredelungstechnik wird freilich die Selbstbehauptung des Kunstwillens gegen die Schwächen des Fleisches anerkannt, belohnt und in Kunst selbst thematisiert – siehe MCs »Muddy Feet«-Jodelschwester Sia und ihr Bekenntnis: »And I don't care if I sing off key /I find myself in my melodies« auf dem Megabanger »Bird Set Free« (2015), also etwa: Es macht mir nichts aus, wenn ich die Tonlage mal nicht hundertprozentig treffe, denn ich finde mich in meinen Melodien, darauf kommt's an.

Wie weit man die Kunst des Beinahe-richtig-Singens mit der Kunst des Tatsächlich-richtig-Singens zu einer neuen Art Synthese von »auf den Punkt« und »leicht daneben« vereinigen kann, demonstrieren Tracks wie »Yellow Flicker Beat« (2014) der Neuseeländerin Lorde, wo die Stimme die »korrekte«, in klassischer Notation fixierbare Melodieführung immer wieder untertunnelt oder überspringt, diese Melodieführung dabei aber keine Sekunde aus den Ohren verliert. Man empfindet das beim Hören als souverän und schön, Zeugnis einer Kreativität, die sich nicht mal von ihren eigenen Schöpfungen ans Gängelband nehmen lässt. An solchem Individualismus arbeiten aber Massen von Menschen zwischen Studiotechnik, Inszenierung, Catering, Werbung, Rechtsberatung, Vertrieb, Buchhaltung und Steuererklärung, ein wahres Heer.

Die Individualistin und der Individualist, die am Ende sicht- und hörbar werden, dürfen im Umgang mit diesem Heer nie allzu berechenbar sein, wenn sie oder er nicht vom Eigengewicht des gigantischen Apparats überwältigt, absorbiert und erledigt werden wollen. Seit einem halben Jahrhun-

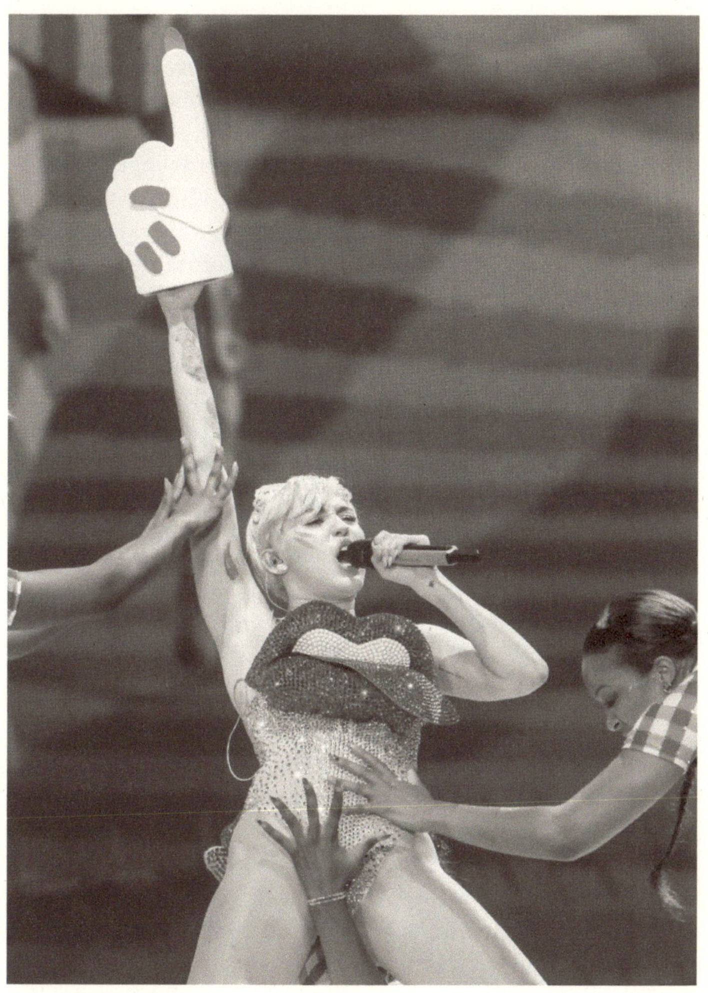

Der Schaumstofffinger im Einsatz bei einem Konzert

dert haben sich aus diesem Grund (und aus ein paar anderen Gründen) Leute wie Bob Dylan, David Bowie, Madonna oder Prince alle paar Sonnenumkreisungen »neu erfunden«. Will man verstehen, was das für die Kunst selbst, also nicht nur für die Stellung der Kreativen in den Schlachtordnungen der Distinktions- und Marktkämpfe der Kultur- und Aufmerksamkeitsökonomien, heute bedeutet, muss man sich klarmachen, dass es bei der in den neuesten Medien erreichten Frequenz von Neuigkeiten und gleichzeitigen Zugänglichkeit von Archivmaterial bis zurück zu den ersten technischen Aufnahmen von Stimmen und Schauspiel nicht mehr darum geht, wie dieses Sichneu-Erfinden die Frage stellt: »Ab wie vielen ausgetauschten Planken ist das immer wieder renovierte Holzschiff nicht mehr dasselbe Holzschiff?«, sondern nur noch um die Effektivität der jeweiligen Ersetzung, ohne die eine Künstlerin oder ein Künstler nur eine arme Sau wäre, die sich jeden Tag um einen (vielleicht sogar: denselben) Job bewerben muss, bei einem anonymen Personalbüro, das »Öffentlichkeit« heißt.

Als MC mitten im schönsten Karriere-High als erwachsene Popsängerin bei einer Gastmoderation der Comedy-Show *Saturday Night Live* mit der Frage konfrontiert wurde, was eigentlich aus dem Saubermädel Hannah Montana geworden sei, gab sie die einzig mögliche Antwort: »She's been murdered«, sie wurde umgebracht.

Wer einen Beruf hat, bei dem man sich hin und wieder umbringen muss, um im Spiel zu bleiben, sollte die Augen nach Utensilien offenhalten, die sich als symbolische Mordwaffen eignen. Deshalb hat MC zugegriffen, als der unschuldige »Schaumstofffinger«, eine Art Riesen-Wabbelhandschuh, sich

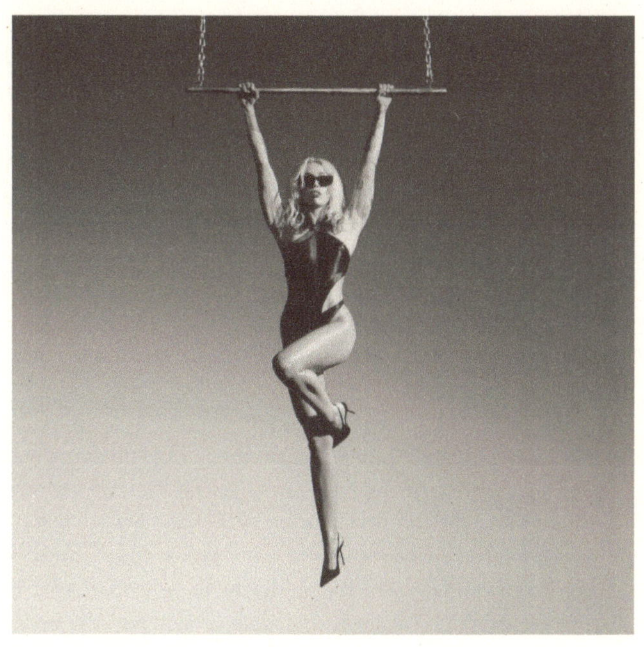

Endless Summer Vacation

ihr für obszöne Gesten anbot, die allein gereicht hätten, Hannah Montana zu vernichten, und wedelte mit dem Ding bei den MTV Video Music Awards 2013 so lebhaft, dass selbst der damals 59-jährige Erfinder des Gag-Gegenstands, ein Herr Steve Chmelar, sich veranlasst sah, der Presse zu verraten, er sei der Meinung, diese Verwendungsweise vermittle ein falsches Bild von seiner Erfindung, denn die habe er sich einfallen lassen, damit Fans im Stadion ihrer Mannschaft auf dem Spielfeld Unterstützung anzeigen könnten.

Harte Arbeit: In hochhackigen Schuhen so muskulös an einer Schaukel-Trapez-Kettenstange zu hängen, wie MC das auf dem Cover des Albums *Endless Summer Vacation* (2023) vorexerziert, sieht nicht nach Sich-gehen-Lassen aus, eher nach Folter – man denkt daran, was der Schauspieler Hugh Jackman sich so alles antun muss, um auszusehen wie Wolverine in den X-Men-Filmen (damit, jeden Morgen einen Kleinbus voller Schwein und Kuh leer zu fressen, ist es nicht getan), und daran, wie MC sich im Clip zu »Flowers« per überdimensionalem Schuh-Polier-Riemen den Bauch wegschmirgeln lässt: Selbstverbrennung auf Raten, und immer wieder Öl nachgießen nicht vergessen.

Man wird solche Bilder vielleicht eines Tages als maximal gruslige Symptome einer Ära lesen, die davon geprägt war, dass junge Menschen in den Ruinen entkernter Sozialstaaten daran verzweifelten, dass (entgegen der Casting-Show- und Influencer-Propaganda) nicht nur leider nicht jede und jeder Popstar werden konnte, sondern nur noch diejenigen, die neben dem Glück, zur rechten Zeit am rechten Ort gewesen zu sein, auch über das Durchhaltevermögen verfügten, dem Faden ihrer Lebensmelodie zu folgen, wie Sia dem Gesangsbogen von »Bird Set Free« folgt. Man kann sich finstere Gedanken über eine Gesellschaft machen, die dauernd von Identitätenvielfalt faselt, dabei aber denen, die eine Identität für sich erobern wollen, nicht nur das vorenthält, sondern auch Krankenversicherung, musische Bildung oder Training in den Grundrechenarten (die letzten beiden kann eh der Computer übernehmen).

Bevor jedoch genügend Leute beschließen, diesen Zustand zu ändern, kann man Dümmeres tun als den Lebens- und Werksverlauf einer Person zu erforschen, die weiß, dass sie ohne kühlen Kopf nicht durchkommt, aber auch, dass so ein kühler Kopf viel Sonne braucht, um nicht zum Eisblock zu erstarren. Schluss mit den Eindrücken von allen Seiten also, die ein erstes Bild von MC vermitteln sollten, und her mit der chronologischen Untersuchung.

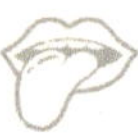

Zwei: Memoiren einer Tochter aus gutem Hause

> Ich tanze Seil überm Meer von Felsen zu Felsen
> Sarah Kirsch: *Seestück*

1. Vater, Tante, Mutter, Kind

Am Montag, dem 23. November 1992, wird Destiny Hope Cyrus in Franklin, Tennessee, geboren. Ihre Kindheit und Jugend sind wirtschaftlich leidlich gesichert, weil ihrem Vater ein Country-Massentanz-Welterfolg zufiel: Man nehme einen Wackeldackel fürs Auto und zwinge ihn, um Hilfe zu rufen, weil er sich nicht genug geliebt fühlt. Der Song ist lustig, mitleiderregend, unwiderstehlich und nach mehrmaligem Anhören absolut unerträglich: Billy Ray Cyrus changiert auf »Achy Breaky Heart« (1992) zwischen Herzweh und Hinterwäldlerei perfekt hin und her: »You can tell my arms go back to the farm / You can tell my feet to hit the floor / Or you can tell my lips to tell my fingertips / They won't be reaching out for you no more«, und dann, im Refrain, tanzt der Dackel, vielleicht aus schierer Verzweiflung, aber er tanzt: »But don't tell my heart, my achy breaky heart / I just don't think he'd understand /

And if you tell my heart, my achy breaky heart / He might blow up and kill this man«. Die in dem Unfug eng eingerollte Lebenshilfe-Message passt nicht schlecht zu den Taufnamen der im Jahr der Aufnahme des Songs geborenen, später sehr berühmten Tochter des Sängers: Es geht auf und ab, vor und zurück, so ist das Schicksal (»Destiny«), man muss ihm mit Optimismus begegnen (»Hope«).

MC hat in Interviews erläutert, wie sie wertvolle Lebensorientierungsinformationen aus dem Umstand bezogen hat, dass es für den Vater nach dem Rummel um jenes eine Stück irgendwann zwingend wieder bergab gehen musste und er genötigt war, sich zurückzuziehen und neu aufzustellen: erst mal auf dem eigenen Bauernhof mit den Tieren reden, bevor man überall nur noch auf die Performance angequatscht wird, mit der man sich exponiert und damit halt auch angreifbar gemacht hat. Eine Marke war etabliert: die Hüftbewegungen in engen Herrenjeans, leicht lüstern, bei eigentlich konservativem, jedenfalls christlichem Hintergrund des 1961 in Kentucky geborenen Künstlers, der vor dem Durchbruch mehrfach erfolglos in der Country-Metropole Nashville in Tennessee zum Vorsingen erschienen war, irgendwie dann aber doch einen Plattenvertrag ergattert hatte und vom Debütalbum *Some Gave All* dank Crossover in die Pop-Welt zehn Millionen Stück verkaufen konnte.

Auch Album Nummer zwei, *It Won't be the Last* (1993), lief ordentlich; aber ab *Storm in the Heartland* (1994) wurde es ruhiger um ihn. Dass er in *Hannah Montana* später den Vater der von seiner wirklichen Tochter MC verkörperten Titelfigur spielen wird, ist keine Helikoptervater-Absurdität, er weiß bloß gut, wie so was geht, denn seine Schauspielersporen ver-

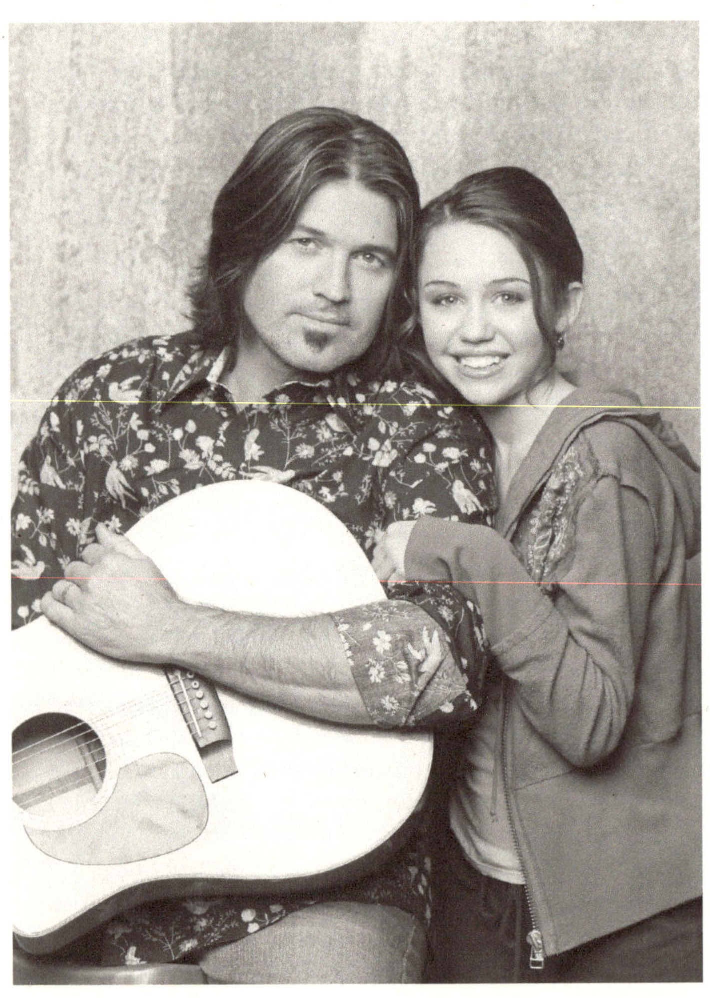

Vater und Tochter

dient er sich unter anderem in David Lynchs *Mulholland Drive* (2001) und als christlicher Arzt in der Fernsehserie *Doc* (2001 bis 2004).

Es kann für MC nicht schädlich gewesen sein, dass der Vater beide Betätigungsfelder, einerseits Musikbusiness, andererseits Film und Fernsehen, lange vor ihr betreten hat. Dass die beiden einander künstlerisch zu ergänzen verstehen, kann man nicht nur bei *Hannah Montana* sehen, sondern auch auf seinem späten Album *Thin Line* (2016) hören, einer Platte, die nach Spezialitäten wie dem Schunkelrocker »Tulsa Time« mit Joe Perry von Aerosmith und dem Groove-Geschrubbe »Hey Elvis« mit Bryan Adams und Glenn Hughes (»somebody saw you at the shopping mall / somebody said they heard a southern drawl«) schließlich in einem Tibetanische-Klangschalen-Spiritualität-und-Öko-Religiosität-Hall-Dröhn-Gong-Mysterium namens »Angels Protect This Home« gipfelt, bei dem Herr Cyrus wie aus dem Jenseits orakelt: »You gotta do it for the children / All the animals are innocent / The people keep on crying / And the people keep on crying«, was die Tochter schön ergänzt: »We all marvel at the airplanes up so high / But we aren't doing nothin' / But copying what we see in the birds in the sky / We all marvel at the skyscrapers up so high / If we don't be careful / All the giraffes, they might not have no life«, die armen Giraffen, die armen Kinder, zum Glück gibt es MC und Billy Ray Cyrus, sonst wäre längst alles im Eimer – entzückend.

Der Vater hat der Tochter früh vermittelt, dass man eine Menge Selbstdisziplin braucht, wenn man der Welt und den Tieren und sich selbst helfen und nicht von anderen in irgendeine Schublade einsortiert werden will, aus der man nur schwer wieder rauskommt. Das hat MC schon als Kinderstar erleben müssen, als sie zunächst sehr stolz darauf war, als Werbeträgerin für eine kleine Modekollektion bei der Supermarktkette Walmart auftreten zu dürfen, dann aber enttäuscht feststellen musste, dass sich für ihre eigenen Bekleidungsideen – wie wäre es, wenn Skinny Jeans und Jeggings dazugehören würden? – niemand in dem Laden interessierte.

Sieh zu, wo du bleibst: Sie ist gebürtige Linkshänderin wie der Vater, der sie aber im Sinne der erwähnten Disziplinüberlegungen üben ließ, auch mit rechts zu schreiben und Gitarre zu spielen, »sonst lernt man die Welt rückwärts«.

Wenn eine Königstochter nicht vom Drachen gefressen werden will, muss sie nicht nur beidhändig musizieren, schreiben und das Schwert führen können, sondern braucht, es war schon die Rede davon, auch eine gute Fee an der Wiege, die sie mit Sternenstaub gegen Sexismus und verwandten Kummer impft.

Die gab's bei MC auch; sie heißt Dolly Parton.

Deren Ruhm als Ikone weiblicher Autonomie in Kunst und Leben reicht inzwischen bis in entlegene Regionen des Kosmos und in die ferne Zukunft. Das weiß man aus der zwölften Episode der zweiten Staffel der Science-Fiction-Fernsehserie *The Orville* von Seth MacFarlane, »Sanctuary«, geschrieben von Joe Menosky, inszeniert von Jonathan Frakes, erstmals ausgestrahlt am 11. April 2019. Darin fragt eine in ihrer patriarchalischen Kultur benachteiligte und unterdrückte Außerirdische namens Heveena, gespielt von Rena Owen, den irdischen Raumschiffkapitän Ed Mercer, gespielt vom Serienschöpfer MacFarlane persönlich, ob die Frauen in seiner Heimat, der Erde, wo sie, wie ihr zu Ohren gekommen ist, emanzipiert seien, auch Texte schreiben und Kunst erschaffen dürften. Mercer verweist sie ans Computerarchiv des Shuttle-Fahrzeugs, mit dem die beiden unterwegs sind. So hört Heveena, weil sie eine Zufallsanfrage nach Künstlerinnen von der Erde und deren Werken gestartet hat, Dolly Parton »9 to 5« singen: »You're just a step on the boss man's ladder / But you got dreams he'll never take away / In the same boat with a lot of your friends / Waitin' for the day your ship'll come in«. Völlig richtig meint Heveena, dass diese Frau mit der Macht von hundert Soldaten spreche; das sei dann wohl »the voice of our revolution«.

Wer das lächerlich findet, soll der Platte von 1980 lauschen, auf die das Lied gehört. Da gibt es gleich mehrere Stücke, die für die Deklassierten dieser und jeder anderen Welt Partei ergreifen: »Hush-A-Bye Hard Times«, »Sing for the Common Man«, »Working Girl«, »Detroit City«, »Poor Folks Town«, mit anderen Worten, das alles ist ein Tondokument des Country-Pop-Klassenkampfes.

Über diese Töne wird sich nur wundern, wer nicht weiß, dass Frau Parton in erheblich wackligeren Verhältnissen aufgewachsen ist als ihr Patenkind. Geboren als Dolly Rebecca Parton in den Smoky Mountains in Tennessee, 1946, viertes von zwölf Kindern eines armen Pächters und Schnapsbrenners, bekam sie es früh mit Musik zu tun – eine Schwester komponierte religiöse Hymnen, Mutter und Oma versuchten sich an Volksliedern, Dolly Parton selbst schrieb als Kind einen Song über eine Puppe und erzählte später MC, sie wolle »wie eine Barbie« aussehen, um wahrgenommen zu werden.

In den 1960er Jahren zog es Dolly Parton nach Nashville. Dort jobbte sie zunächst in Hotels und in Restaurants, ergatterte dann durch Hartnäckigkeit erste Auftritte und schaffte 1973 den Durchbruch in die erste Liga des Country-and-Western-Geschäfts mit »Jolene«. Ein Jahr später folgte »I Will Always Love You«, ein Edelstein, den sich sogar Elvis Presley ans Hemd kleben wollte. Da er jedoch darauf bestand, an jedem Stück, das er aufnahm, die Hälfte der Rechte besitzen zu müssen, und Dolly Parton sich nicht bereitfand, ihm diesen Anteil zu verkaufen, sang er es nie – dafür hat dann Whitney Houston 1990 einen Welthit daraus gemacht, eine willkommene Bestätigung für Dolly Partons Selbstbewusstsein in einem Jahrzehnt, das für sie ansonsten eher frustrierend war. Zwar verkauften sich die Alben *Eagle When She Flies* (1991), *Slow Dancing with the Moon* (1993) und *Something Special* (1995) nicht schlecht, aber im Gegensatz zu Houstons »I Will Always Love You«-Cover wurde nichts davon im Radio gespielt, und eine Weile sah es so aus, als hätte Dolly Parton den Kontakt zu jüngerem Publikum verloren – da half auch ihr lebenslang hervorragendes Netzwerkverhalten nichts, ihre Bereitschaft, mit neuen und ihr unvertrauten Zusammenhängen zu kollaborieren, darunter in den für sie so anstrengenden 1990ern auch Billy Ray Cyrus.

Die Jahrtausendwende nahm sie schließlich als Gelegenheit wahr, ihre Pop-Ambitionen abzurüsten und sich musikalisch ihrem Herkommen zuzuwenden, soliden Americana, geordneten Verhältnissen – zu denen sie ohnehin neigt; ein fleißiges und selbstbestimmtes Leben ist in ihrem Business anders gar nicht zu bewältigen. Sie wird wohl auch Billy Ray Cyrus dazu geraten haben, der den Hinweis in den frühen 1990ern gut gebrauchen konnte. Auf der Achterbahnfahrt der Karriere pflegt man, wenn man sich nicht verlieren möchte, ein Privatleben, das übersichtlicher ist, als es die erotischen Verstrickungen des »Achy Breaky Heart«-Helden zur Zeit von MCs Zeugung waren. Deren Mutter, die 1967 in Nashville geborene Tish Finley, hatte im Alter von 19 Jahren ihr erstes Kind bekommen, MCs Halbschwester Brandi, und war zwei Jahre später erneut schwanger geworden, worauf sie Mileys Halbbruder Trace gebar. Den Vater von Destiny Hope lernte sie, man kann sich so was nicht ausdenken, bei den Dreharbeiten zum »Achy Breaky Heart«-Video kennen, und weil sich damals die halbe Welt um ihn riss und er zahlreiche Damenbekanntschaften machte, hat MC nicht nur von mütterlicher Seite her Halbgeschwister, sondern auch von väterlicher, nämlich einen Halbbruder namens Christopher Cody, Sohn einer Frau namens Kristin Luckey, der sich heute Christopher Cody Cyrus nennt, der Welt anfangs aber verschwiegen wurde, weil sein Geburtsdatum im April 1993, knappe fünf Monate nach Mileys Geburt, nur von Leuten, die sehr schwach im Rechnen sind, nicht als Beweis dafür begriffen wurde, dass Billie Ray Cyrus seinerzeit nicht immer ganz genau wusste, was (und wen) er vom Leben wollte.

Am 28. Dezember 1993 heiratete der Mann zumindest Tish. Damit war entschieden, dass MC auf seiner Farm in Tennessee würde aufwachsen können, nicht allzu weit vom Elvistempel Memphis und der Country-Welthauptstadt Nashville. Weite unter freiem Himmel, alle Möglichkeiten stehen dem Kind offen – so hat sie ihren Heimatstaat in ihren ersten Jahren erlebt.

Dem in ihrem Geburtsjahr veröffentlichten epochalen Hip-Hop-Track »Tennessee« vom Debütalbum der Band Arrested Development 3 *Years, 5 Months and 2 Days in the Life Of…* (1992) lässt sich entnehmen, dass man diese Gegend auch anders erfahren kann: »Outta the country and into more country / Past Dyesburg and Ripley / Where the ghost of childhood haunts me / Walk the roads my forefathers walked / Climb the trees my forefathers hung from / Ask those trees for all their wisdom«, und ein Seufzer bittet Gott: »Take me to another place, take me to another land.« Die afro-diasporische Stimme weiß etwas Schlimmes und Grundwahres: »Now I see the importance of history / Why my people be in the mess that they be / Many journeys to freedom made in vain / By brothers on the corner playin' ghetto games«, während weiße Südstaatenmädchen mit den Pferden ihrer Väter die langen Sonntage verbringen und dem Wind im Präriegras zuhören, falls sie nicht gerade in der Kirche erfahren, dass sie allen Grund haben, ihr Schicksal als Glück aufzufassen.

In diesem Sinne glücklich, nämlich ausreichend abgeschieden, um nicht den korrumpierenden Gefahren der Millionenstädte ausgesetzt zu sein, aber auch wieder nahe genug an Nashville, einem beruflichen Mittelpunkt des väterlichen Lebens, um ab und zu an Prominenz, Kunst und Stil zu schnuppern, darf sich MC in ihren ersten zehn Lebensjahren überlegen, wo sie hinwill. Wirklich nach Nashville?

2. Geschäft, Erziehung, Glaube und Schauspiel

Diese Stadt ist, als MC das erste Mal hindarf, keine reine Countrymusikstadt (mehr), eher ein allgemeines Popzentrum, wie in einem Interview für die Zeitschrift *Rock Hard* Anfang 2023 der Gitarrist Wolf Hoffmann von der Hard-Rock-Band Accept erklärt hat, der seit 30 Jahren dort wohnt, also während der gesamten Lebenszeit von MC. Als er in den späten 1980ern die Übersiedlung in die USA erwog, sah die Lage eindeutig aus: »Gute Möglichkeiten für einen Musiker waren New York und Los Angeles, aber ich fand diese Riesenmetropolen abschreckend. Nashville war im Vergleich dazu eher eine Kleinstadt, aber auch dort hat sich alles um die Musik gedreht. Es gab Hunderte Studios, Nashville ist die Music City USA. [...] In den letzten Jahren hat sich das alles ein bisschen verschoben. Die ursprüngliche Country-Musik, wie man sie von früher kennt, hat sich auch total verändert. Eigentlich ist die heutige Country-Musik eher Bon-Jovi-Rock.«

Billie Ray Cyrus gehört zu den Auslösern dieser Entwicklung, trat aber nach den ersten drei Alben wie gesagt kürzer und konnte sich so auch mit der weltoffenen kleinen Kreatur befassen, die er bald nicht mehr »Destiny Hope« nannte.

Als Baby, berichtet eine Familienerzählung, soll sie so oft gelacht, gegluckst und im Ruhezustand wie ein kleiner Buddha gelächelt haben, dass ihre nähere Umgebung sie bald als »Smiley« kannte. Aber Tish und Billie Ray waren lebensklug genug, um zu wissen, dass man dergleichen nicht ohne weiteres mit Außenstehenden teilt, weil sonst das weitverbreitete Vorurteil, Freude und Zufriedenheit seien Zeichen der Unbedarftheit, dem neuen Menschen ein Stigma verpasst. Einfältig war Smiley nicht, und damit das auch niemand annahm, verkürzte der engste Kreis den Spitznamen bald zu »Miley«, *and there you go.*

Weil der Vater zwar wusste, wie man die rechte Hand trainiert, aber wenig von Grammatik, Geschichte oder Geometrie verstand, schickten die Cyruses ihre fröhliche Tochter auf die Heritage Elementary School in Spring Hill, wo sie sich unter anderem mit *Cheerleading* befasste, einer US-amerikanischen Quasi-Kunstform, bei der junge Frauen in kurzen Röcken Anfeuer-Parolen rufen und Tanzgymnastik vorführen, um schul- und universitätseigene Sportmannschaften zu unterstützen, per eigenartiger Verzahnung von »sexy« und »sittsam«, die dermaßen tief in der Teenager-Sozialisation dieses Landes verankert ist, dass eine Losung wie »Save the cheerleader, save the world«, Motto der Fantasy-TV-Show *Heroes* (2006 bis 2010, also während *Hannah Montana*), für dortige Ohren nicht wie der völlige Wahnsinn klingt, der sie ist.

MC genoss eine Erziehung, die man »christlich« nennen kann. Die Familie ging gemeinsam zur Kirche und beteiligte sich am Gemeindeleben. Die Bekenntnisrichtung, der man sich dabei zurechnete, *Southern Baptist*, darf in ihrem Fall durchaus »gemäßigt evangelikal« heißen. Man muss aufpassen, wenn man in Europa beim zweiten dieser Adjektive an bibelwerfende, von Donald Trump verhetzte Menschen denkt, die auf Schulratsversammlungen gegen trans-inklusive Toiletten wettern und am Wochenende vom Pickup-Truck aus mit Sturmgewehren auf Abtreibungskliniken schießen.

Das mit dem Wort »evangelikal« bezeichnete Glaubensspektrum ist in Wirklichkeit eine relativ breite protestantische Strömung, in der sowohl Absonderliches wie Vernünftiges Platz findet (irgendwer muss den Zerfall des Gemeinwesens im Zeichen des Neoliberalismus, der den gesellschaftlichen Zusammenhalt nicht nur der USA seit den 1980ern zerrüttet, ja doch ein bisschen bremsen, warum also nicht ein paar Kirchen?).

Grundsätzlich bedeutet »evangelikal« zunächst nur, dass das Hauptgewicht des Glaubenslebens nicht auf dem Ritus, dem Festkalender, den Belangen der Kirchenhierarchie und Ähnlichem liegt (wie bei den in evangelikalen Kreisen deshalb stark beargwöhnten Katholiken), sondern auf dem Evangelium, unter besonderer Berücksichtigung des »sola scriptura«-Grundsatzes. Das heißt: Nicht irgendein priesterliches Wort, sondern die Heilige Schrift ist maßgeblich. Die Predigt soll sie erhellen, niemals ersetzen oder inhaltlich ergänzen. Wo man sich so auf einen Text beruft (und nicht zum Beispiel, wie die Wissenschaft, auf reproduzierbare Messergebnisse und logische Herleitungen), entsteht Interpretationsbedarf.

Die bibelgestützte Kernthese der strengsten Evangelikalen lautet: »by grace alone, trough faith alone, in Christ alone«. Andere Religionen, vom Animismus über den Hinduismus, den Buddhismus, das Judentum oder den Islam bis zur Scientology-Kirche, versprechen im Allgemeinen immer Belohnungen für irgendein Verhalten, für »gute Werke« – wer die jeweiligen Gebote befolgt, kommt in den Himmel, wer korrekt meditiert, erreicht das Nirwana und so weiter; die Besonderheit des evangelikalen Christentums dagegen besteht darin, dass nichts, was ich als Gläubiger tun kann, mich von meiner Sündhaftigkeit je erlösen wird, denn das vermag nur der Gottmensch Christus, der für mich gestorben ist und an dessen Sühnopfer ich glauben soll. Selbst dies jedoch schaffe ich nur, sofern Gott mein Herz öffnet und es nicht verstockt. Nicht einmal »glauben« ist also ein Akt, auf den ich mir etwas einbilden darf, es geschieht, wenn es denn geschieht, rein »aus Gnade«, *by grace alone*.

Den strengsten Evangelikalen stehen nicht nur in den Nord-, sondern auch in den frommeren Südstaaten der USA liberalere gegenüber, die *seeker sensitive* genannt werden, weil sie offen für Wünsche, Vorbehalte und Sehnsüchte von »Suchenden« sind – wer zu Jesus finden soll, lehrt man da, muss das am Leitfaden der eigenen Bedürfnisse tun; man darf Leute nicht damit verprellen, dass man sie anherrscht, sie sollten ihr ganzes bisheriges Leben bereuen und um die Gnade des Glaubenkönnens flehen.

Man gibt ihnen also christliche Rock-, Rap- und Country-Musik, man leistet Partnerschaftsberatung oder richtet Gruppen für Selbsthilfe von Suchtkranken ein und so weiter. Die bekannteste derartige Kirche nennt sich gar nicht mehr »evangelikal« sondern lieber gleich »non-denominational«, konfessionsfrei: Das ist die Glaubensgemeinschaft des Predigers Joel Osteen, die ihren Stammsitz in Houston, Texas, hat und im Wesentlichen verkündet: Die meisten Menschen sind gut, sie brauchen nur ein paar Tipps gegen Alkoholismus, Hurerei, Spielsucht, Hass oder Neid. Das verspricht eine breite Strömung im Tonfall »Ruf öfter mal den Namen des Erlösers an, dann klappt's auch wieder im Beruf«, und deren Radikalisierung ist das sogenannte »prosperity gospel«, das Wohlstandsevangelium, dessen Prominenz so viele Spenden wie möglich abgreift und den Schäfchen erzählt, das Überweisen von Geld auf das jeweilige Kirchenkonto sei als »Saat« zu verstehen: Wenn die aufgehe, werden die Spendablen selbst reich, gesund und glücklich. Selbst auf diesem Gipfel der Gier hält man allerdings an der protestantischen Idee fest, dass der Geist entscheidend sei, den das jeweilige Leben atmet, nicht die darin getanen Werke. Die Saat geht auf, weil man's glaubt, nicht wegen des Geldes selbst, aber sehen kann man den Geist halt wiederum nur am Verhalten, und so kommt man auch im Evangelikalismus, wie bei den Katholiken, schnell in Schwierigkeiten, wenn man sich nicht benimmt, wie's gefordert ist.

MC zum Beispiel fliegt als Kind von einer evangelikalen Privatschule, weil sie einer Lehrkraft den elektrischen Roller für eine kleine Spaßfahrt klaut und außerdem Mitschülerinnen die Bedeutung des Begriffs *French kissing* (also: Zungenkuss) erklärt.

Billie Ray und Tish Cyrus sehen darin keine Weltkatastrophe und halten die maßvolle Mitte zwischen dies- und jenseitigen Verpflichtungen bei der Kindererziehung.

MCs beim Karaoke erwachende Leidenschaft für Gesang und ihr Spaß an der Cheerleading-Performance finden Ermutigung, und als der Vater sie eines Tages ins Theater mitnimmt, wo das ABBA-Musical *Mamma Mia* gegeben wird, zupft sie ihn, wie er später berichtet, während der Darbietung am Ärmel und flüstert ihm zu: »This is what I want to do. I want to be a great actress.«

Schauspielerin wollte sie also werden, nicht Popstar? Vorsicht, der Unterschied ist weniger klar, als oft geglaubt wird.

Es gibt einen guten Grund dafür, dass ein besonders gelungenes Album von Sia *This Is Acting* (2016) heißt, also »Das ist Schauspielerei«. Popmusik ist mehr als Musik, nämlich immer auch ein Rollenangebot, eine gespielte und getanzte Suggestion von Subjektivität, eine »Imago«, wie die Psychoanalyse sagt, oder in Werbesprache: ein Image, ein Idol.

3. Is this acting?

MC fängt tatsächlich als Schauspielerin an, und zwar als Elfjährige mit Biberzähnen in einer Minirolle in Tim Burtons *Big Fish* (2003).

Dann kommt Disney – das heißt, die Fernsehshow *Hannah Montana* (ab 2006).

Diese Serie handelt von einem Mädchen mit Doppelleben: Einerseits gibt es die quirlige, dunkelhaarige Schülerin Miley Stewart (in einer ersten Fassung: »Chloe Stewart«), die mit dem Vater und einem älteren Bruder in einem kalifornischen

Strandhaus lebt, andererseits den blonden Pop-Star Hannah Montana.

Dass beide dieselbe Person sind, wird zum Schutz von Miley Stewarts Psyche so geheim gehalten wie die Tatsache, dass der Millionär Bruce Wayne bei Nacht als Batman die Kriminellen von Gotham City zusammenschlägt oder dass der Journalist Clark Kent unter Anzug und Hemd das Kostüm trägt, an dem man ihn als den Halbgott Superman erkennt, wenn er über die Wolkenkratzer von Metropolis hinwegfliegt.

Schon in der ersten *Hannah Montana*-Folge kriegt die Abdichtung, die Mileys beziehungsweise Hannahs Identität von der jeweils anderen trennen soll, erste Löcher und Risse. Der Vater muss helfen, die beste Freundin kriegt's raus, ein Verehrer ebenfalls, und bald funktioniert die Figur Hannah Montana, wie jede Popstar-Persona, nur noch als Kollektivprojekt. Bei dem muss dann in diesem Fall jede Woche rund 25 Minuten lang neu ausgehandelt werden, was nur unter vier Augen stattfindet und was im Scheinwerferlicht.

»Identifizieren« können sich mit dieser Geschichte junge Zuschauerinnen vor allem deshalb, weil es in der (nicht nur weiblichen) Pubertät (und eigentlich das ganze moderne Leben lang) notorisch schwierig ist, »Identität« zu erlangen, zu behaupten und zu stabilisieren.

In der Ära, die eine Serie wie *Hannah Montana* spiegelt, bedeutet »Identität« nicht mehr, wie in älteren Zeiten, das Unverwechselbare, Unteilbare, also das, was die Polizei etwa per Fingerabdruck oder genetischer Spur benutzt, um eine Person von allen anderen Personen zu unterscheiden, sondern paradoxerweise immer öfter eine Gruppenzugehörigkeit, eine

Teilhabe an positiven oder negativen Kollektiverfahrungen, wie bei den linken *identity politics* oder den rechten »Identitären«, freilich sehr unterschiedlich erzählt, behauptet, verteidigt oder validiert.

Die Identitäten Hannah Montana und Miley Stewart sind indes Warenzeichen, nicht politische Zuweisungen oder Ansprüche.

MC musste sich die Doppelrolle bei Ausleseproben unter tausend Bewerberinnen erkämpfen, wurde erst als »zu jung« abgelehnt und passte den Chefs auch sonst nicht ins Konzept, das eine Art Fein-Tuning einer bereits einmal ausprobierten Idee sein sollte: Bei der Show *Lizzie McGuire* (2001 bis 2004) hatte man die junge Hilary Duff in der Titelrolle zugleich als Schauspielerin und als Popstar für (Prä-)Teens etabliert. Der Disneykonzern, auf dessen Disney Channel die Serie gesendet wurde, richtete dabei unter anderem Hilary-Duff-Konzerte aus. Sechs Monate, nachdem MC zum ersten Mal vorgesprochen und vorgesungen hatte, wurde sie schließlich doch noch für die von Michael Poryes, Rich Correll und Barry O'Brien geschaffene neue Show gecastet und für die Pilotfolge gleich auf eine Konzertbühne gestellt, wo sie vor ein paar Hundert Kindern und Jugendlichen auftreten durfte, die man mit dem Versprechen geködert hatte, sie würden dafür im Fernsehen gezeigt und dürften bei einem Star ausrasten. Nur dass dieser Star von ihnen damit eben nicht nur bejubelt, sondern auch miterschaffen wurde. Eben noch gab es keine HanNah Montana, jetzt gibt es eine Miley Cyrus und eine Miley Stewart, weil es eine Hannah Montana gibt.

Der englische Comic-Autor und Okkultist Alan Moore hat für solche Vorgänge die Losung gefunden: »I made it all up, and it all came true anyway.« Auch diese Idee ist in sich widersprüchlich, mindestens doppelgesichtig und politisch-kulturell nicht eindeutig einer bestimmten Weltauffassung zuzurechnen – Moore ist ein linker Anarchist, aber sein Landsmann Nick Land, ein rechts-autoritärer Denker, kultiviert denselben »nur ausgedacht und trotzdem wahr«-Gedanken unter dem Namen »Hyperstition«, ein Kofferwort aus »Superstition«, also: Aberglaube, und »Hyper-«, also: im Übermaß.

Eine Hyperstition ist ein Zeichen, das eine Kommunikationsordnung auf ihre Öffentlichkeit »herunterlädt« wie ein Rechner eine Software. Dann entscheidet das Verhalten derer, die an dieser Öffentlichkeit teilhaben, was draus wird. Diese Art experimenteller Medienwissenschaft der selbsterfüllenden Prophezeiung (Es gibt einen Popstar namens X, wenn es Leute gibt, die einem Popstar namens X zujubeln) sitzt tief im Mark der Popmusik und macht sozusagen ihre Kraft aus, »echte Wahrheiten zu lügen«, oder mit George Michael, im Song »Freedom« (1990): »All we have to do now is take these lies and make them true somehow«.

Die Hyperstition *Hannah Montana* schlug durch: Die Pilotfolge am 24. März 2006 zog die größte Menge Publikum an, die bis dahin jemals simultan etwas auf dem Disney Channel hatte sehen wollen, fünfeinhalb Millionen Leute.

Damit war für MC eine Zeit des Werdens und Wollens ausgestanden: Sollte sie wirklich die Hauptrolle spielen oder eine andere Figur, sollte die Hauptfigur Chloe heißen oder Miley, sollte die Popstar-Persona vielleicht nicht den Namen »Hannah Montana« tragen, sondern einen anderen (»Anna Cabana«, »Samantha York«, »Alexis Texas«, alles ernstgemeinte Vorschläge)? Die Hyperstition erschöpfte sich nicht darin, diese

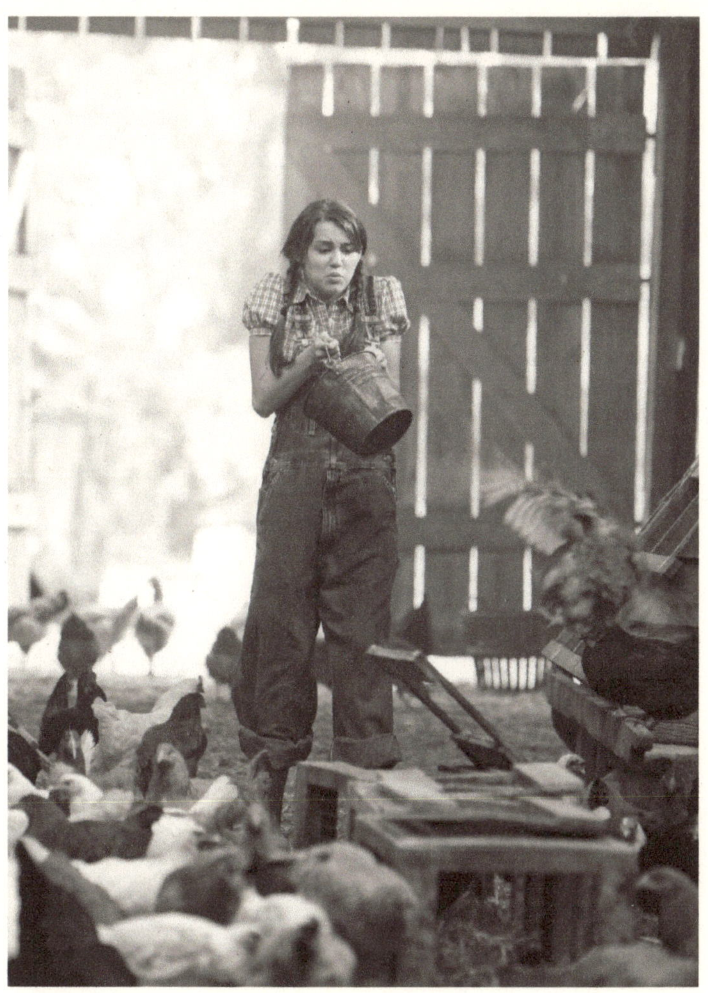

Hannah Montana im Hühnerstall

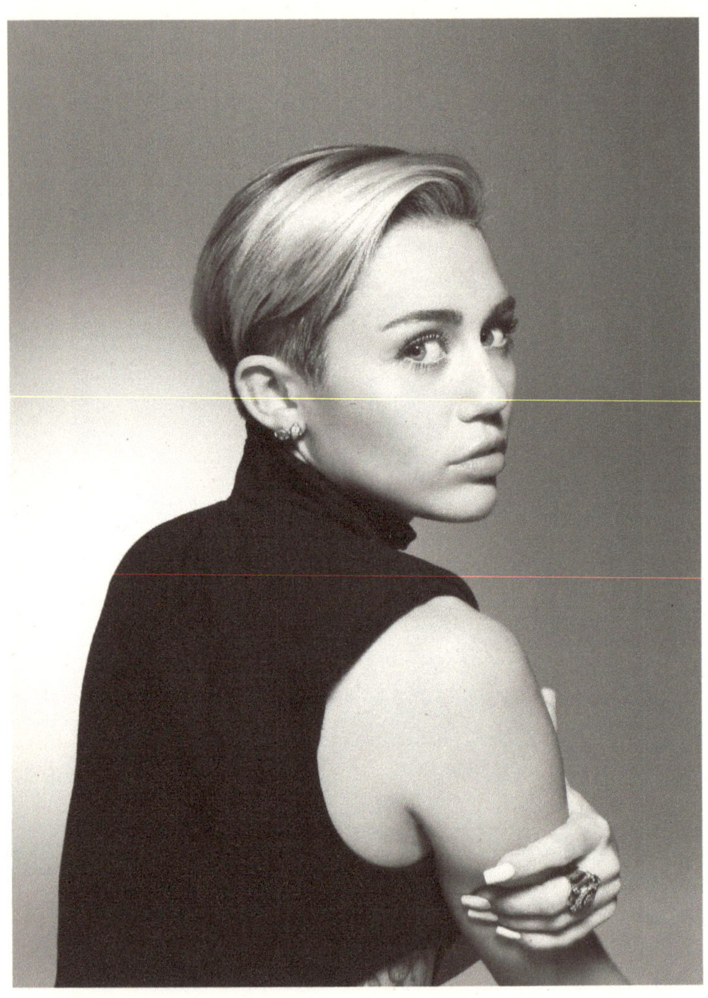

Porträtaufnahme von Miley Cyrus

Unbestimmtheiten zu bestimmen, sondern strahlte ihre Feldeffekte noch jahrelang in andere MC-Projekte aus (und tut's im Grunde genommen bis heute). Ist, zum Beispiel, der Umzug von Atlanta in Georgia nach New York, der einer Figur, die MC in der Nicholas-Sparks-Verfilmung *The Last Song* (2010) spielt, vor Beginn der Story widerfährt, eine Spiegelung des Umzugs der Familie Cyrus von Tennessee nach Kalifornien wegen *Hannah Montana*? Und was bedeutet es, dass sie bei den Dreharbeiten zu *The Last Song* ihren späteren Ehemann Liam Hemsworth kennengelernt hat, im Film ihr Geliebter, der bei einer gemeinsamen Autofahrt feststellt, sie könne eigentlich sehr gut singen?

Und wenn sie zwei Jahre später in *LOL* ein Mädchen verkörpert, das sich von Mamas Liebling zur sexuell selbstbestimmten jungen Frau weiterentwickeln will: Ist das dann ein Gleichnis auf das Abstreifen der *Hannah*-Pose, irrsinnigerweise von MCs wirklicher Mutter produziert, während ihre Filmmutter Demi Moore damit in gewisser Weise für den Disneykonzern steht?

Wie hat sich das wohl für MC angefühlt, dass Adam Shankman, Produzent bei *The Last Song*, die Verbindung zwischen ihr und Hemsworth ungefragt und distanzlos mit dem Statement kommentierte: »Ich habe Angst davor, wie hübsch die Babys dieser beiden sein werden«?

Wirklichkeit, Film, Serie, Leben: Bei der ersten Begegnung der MC-Figur mit der Hemsworth-Figur in dem Film, der ihr Einanderkennenlernen dokumentiert, rempelt er sie an. Jahre später endet die Verbindung damit, dass sie sich mit dem Song »Flowers« (2023) für seine Untreue und andere Zerwürfnisgründe revanchiert, ein anderes Anrempeln, ein gesungenes: »I can love me better than you can«.

In der *Reinvention*-Dokumentation gibt's ein Interview, in dem MC ihre Bewunderung für Menschen ausdrückt, die einerseits internationale Premium-Popstars sind und sich andererseits möglichst weit weg vom mahlstromartigen Herz der Hyperstition bewegen, deren Kraft ihr privates mit ihrem öffentlichen Leben verwirbeln könnte. Als Beispiele nennt MC Lady Gaga und Beyoncé, fügt dann aber hinzu, so wie diese Frauen wolle und könne sie's nicht machen, das sei ihr zu anstrengend, dieses Abschirmen des Privaten. Verblüffend: Ist totale Sichtbarkeit nicht viel anstrengender? Im selben Interview sagt sie, es habe für sie keinen Sinn, ihren Fans was vorzumachen, die seien ja schließlich mit ihr aufgewachsen. Wieder verblüffend: Sind sie wirklich mit MC aufgewachsen oder nicht doch eher mit Hannah Montana?

Das wahre Thema sind die Kräfteverhältnisse: Kann ich meinem Publikum eine Person präsentieren, die ich sein will, oder haben andere Macht über mich, zum Beispiel das Management von Disney?

4. Was ist Disney?

Der Konzern hat in den Jahren, in denen MCs Laufbahn Fahrt aufnahm, einen ungeheuerlichen Eroberungszug veranstaltet, die Computertrick-Konkurrenz von Pixar gekauft, den *Star Wars*-Kosmos und die Marvel-Comic-Figurenwelt usurpiert und bis zu dem Jahr, in dem die Pandemiekrise begann, Umsatz und Gewinn unaufhaltsam gesteigert – 2019 wurden weltweit allein vom Disney-Kinosektor Erlöse von mehr als 13 Milliarden US-Dollar erzielt. Diese Firma konnte daher den Kinoketten die Abspielbedingungen weitgehend diktieren und nahm sich bald außerdem vor, mit dem Streaminganbieter Disney+ die Integration von Produktion, Vertrieb und Verwertung ins nie Dagewesene voranzutreiben. Das passiert mit sozusagen wissenschaftlicher Präzision, die Firma hatte und hat seit frühen Zeichentricktagen Leute wie die sagenumwobene Kelly Peña an Bord, die als »Kinderflüsterin« mit den Kleinen einkaufen geht und das, was sie dabei rauskriegt, mit Personal in den Bereichen Anthropologie, Psychologie und Kulturkunde bespricht.

Kurz nach dem Zweiten Weltkrieg hatte der damalige Kinomogul Samuel Goldwyn dem Filmwesen geweissagt, es werde, nachdem es den Ton erobert hatte, demnächst das Fernsehen in den Griff kriegen müssen. Was er Jahrzehnte vor der Gründung des Disney Channel damit meinte, war, dass die im Bewusstsein von Filmbegeisterten noch heute dominante Vorstellung vom Kino als einem Ort aufmerksamer Wahrnehmung mit erweiterter Zeit-und-Raum-Lizenz schon 1949 keine Zukunft hatte. Andacht gehört nicht vor die Leinwand; man mampft da Popcorn, küsst sich, gerät in Streit.

Dass Filme inzwischen auch auf dem Smartphone laufen, nimmt ihnen allerdings nicht die Kunstchance (auch *Wanderers Nachtlied* von Goethe kann man ja von solchen Geräten ablesen).

Nostalgie mag die Entwertung von Bildfindungstalent und Klangregie fürchten, aber das glücklich gefundene Bild oder der wahre Ton zünden etwa bei Alfred Hitchcock oder Agnès Varda, also Leuten, denen man jedenfalls nicht absprechen kann, dass das, was sie erzeugen, Kunst sei, immer nur dann, wenn das dabei Erlebte die Illusion nährt, die Autorin oder der Autor hätten dem Traum in sämtlichen Einzelheiten die Form bestimmt.

So sind in einem seltsamen Sinn eigentlich alle Filme Trickfilme. Denn jeder Schnitt ist ein Trick, die Darstellung der Welt in stummem Schwarzweiß war einer, und bei Disney gab man die Losung aus: »Animators are Actors«, Animation ist ein Trick im Fach Schauspielerei – eine weitere Lesart von »this is acting« (Sia).

5. Masken für Musik und Film

Hat MC ihren Lebensjob, der darin besteht, diese Art »acting« für, aber irgendwann auch ohne oder gegen die Übermacht der Popindustrie, insbesondere Disney, zu perfektionieren, wirklich bei »Mamma Mia« aufgeschnappt? Hat sie dann eine Kinder-, eine Mädchenversion der alten Oscar-Wilde-Weisheit »in so vulgar an age as this we all need masks« für sich erfunden, also des Satzes: in einer Zeit, die so vulgär ist wie diese, brauchen wir alle Masken?

Kommt darauf an, was Oscar Wilde bei dem Satz mit dem Wort »vulgär« meinte. Prüde war er bekanntlich nicht, also kann Vulgarität für ihn nicht einfach die Abwesenheit von Hemmungen beim Ausleben von Sexualität oder Aggression gewesen sein. Viel eher war das Vulgäre ihm das Geistlose, das nicht Gestaltete, die ausdrucksarme Primitivität – und dagegen hilft eben, er hat Recht, immer nur, Umgangsformen selbst zu gestalten, zu verfeinern, zu feiern, unter anderem per Inszenierung, also mit Masken, mit »this is acting«.

Aber erstens kriegt man heute das Material für zeitgemäße Masken nicht mehr hand- und einzelgefertigt, sondern nur noch auf dem Markt der Kulturindustrie (man kann die Masken dann freilich modifizieren), und zweitens besteht, wenn sie sehr gut sitzen, durchaus die Gefahr, dass sie festwachsen.

Entscheidend ist in diesem Spiel, wie man sich etwas, das man nicht selbst geschaffen hat, überhaupt zu eigen macht und dabei verhindert, dass man sich bloß einer anderen Fremdbestimmung als der durch die vulgäre Masse oder den hirnlosen Betrieb unterwirft, nämlich derjenigen durch den anderen oder die andere, den oder die darzustellen man beschlossen hat.

Spielt oder singt man etwa ein Lied, das jemand anderes, womöglich eine Berühmtheit, schon mal gespielt hat, so zeigt sich, ob man dieses »sich etwas zu eigen machen und dabei nicht davor kapitulieren« draufhat oder daran scheitert.

MC liebt Coverversionen. Sie hat ein Händchen dafür (wie ihre Patentante, die sich fast immer bei den Richtigen bedient hat, von Led Zeppelin bis Neil Young), aber überdies auch fürs kommentierende Umdeuten des je Gecoverten. Metallicas »Nothing Else Matters« zum Beispiel: Das ist zwar ein Liebeslied, aber gesungen hat MC es kurz nach der Trennung von Liam Hemsworth gerade nicht als Liebeserklärung an eine Person, sondern, wie sie unter anderem in der Howard-Stern-Show ausgeführt hat, als Mitteilung an »die Musik« als solche, die ihr zu diesem Zeitpunkt wichtiger gewesen sei als alles Persönliche – nichts anderes als »Du« ist wichtig, aber »Du«, das ist die Musik.

Der Song wird treu nachinszeniert, aber die Bedeutung ist verändert.

Ohne solche Finten gäbe es MC nicht – nur so hat sie aus der Lüge, es gebe einen Popstar namens Hannah Montana, auch für sich, nicht nur für Disney, die Wahrheit holen können, dass es jetzt einen Popstar namens Miley Cyrus gibt.

Der Moment, an dem das eine sich aus dem anderen herauswagt, hat ein genaues Datum: Am Dienstag, dem 26. Juni 2007, erschien auf Walt Disney Records eine Doppel-CD namens *Hannah Montana 2: Meet Miley Cyrus*, Nachfolgeprodukt der im Jahr zuvor auf den Markt geworfenen Platte *Hannah Montana*, die noch rein in der TV-Fiktion lokalisiert gewesen war, wenn auch in der Wirklichkeit als Ware angeboten. Damit hatte man die *Lizzie McGuire*-Formel bedient: Kinder und Jugendliche werden zum Kreischen und Geldausgeben verführt, die Musik ist egal (aber nicht unbedingt schlecht).

Die *Hannah Montana 2: Meet Miley Cyrus*-Doppel-CD (Vinyl war und ist für die angepeilte Kundschaft kein Thema) bietet erstmals Eigenschöpfungen von MC einem größeren Publikum an. Man muss das Ding nur als physisches Objekt in die Hand nehmen und einmal um sich selbst drehen, um seine Wahrheit zu verstehen: vorne Hannah, blond, mit leicht angestrengtem Lächeln, Hände an den Hüften, um den Hals eine Kette mit dem Schriftzug »Love« und eine mit einem Apfel dran, hinten aber ist nix mit »Love«, dafür gibt's eine Perlenkette, und auf dem Kopf keine gebügelte Perücke, sondern eine mit Highlights aufgewuschelte Mähne, dazu guckt ein erheblich lebendigerer Gesichtsausdruck in die Welt, eine Hand liegt auf der Hüfte, die andere aber versteckt sich hinterm Kopf, die Person insgesamt ist halb der Kamera zugewandt, halb weggedreht, also in Bewegung.

Ein Stück auf dem Album heißt »As I Am«, eins heißt »Clear«, eins handelt von etwas, was eine Maske besser nicht ist: »Good and Broken«.

Die MC hinten auf dem Album wirkt freizügiger als Hannah, was freilich nicht zwingend »freier« oder gar »selbstbestimmt« heißt. Eine andere Disney-Geschulte, Britney Spears, die für MC in Kindertagen ein Idol war, kann davon, wie sehr sexualisierte Koketterie bei jungen Frauen auch eine von der Kulturindustrie verlangte Dienstleistung sein kann und wie entfremdet und anstrengend es dabei zugeht, mehr als nur ein Lied singen.

Der Zumutung, dass das eigene erotische Ausdrucksvermögen als reines Lockmittel in Warenkreisläufen vernutzt wird, kann eine junge Sängerin allerdings Paroli bieten, indem sie ihren sexuellen Subjektstatus mit Hilfe von Songs herausstellt, die ihr selbst Definitionsmacht über ihre Liebesbiographie zuschreiben. Und eine junge Schauspielerin kriegt dasselbe da hin, wo sie Rollen spielt, die eine autonome Lerngeschichte, ein »wie ich werde, wer ich sein will«-Bild vermitteln. Beides hat MC während und kurz nach der *Hannah Montana*-Zeit getan, sobald es irgendwie möglich war.

Schon ihre zweite Studioplatte, *Breakout* (2008), jetzt ohne jeden Verweis auf die Hannah-Persona (die aber nicht so leicht abzuschütteln ist: Auf den Sleeve-Notes der *Hannah Montana The Movie*-Platte im Jahr danach ist schon wieder davon die Rede, dass einige Songs »performed by Hannah Montana« seien und andere »performed by Miley Cyrus«), enthielt Songs über ihre bereits wieder beendete Beziehung zum fast gleichaltrigen Kollegen Nick Jones, und die in diesem Büchlein schon gepriesene »Party in the USA«-Single (2009) performt eine erste »von Tennessee nach Hollywood«-Selbstdeutung im Großformat.

Das Album *Can't Be Tamed* (2010) schüttelt den Hannah-Perückenmuff aus den Haaren der zu sich kommenden MC und enthält mit »Every Rose Has Its Thorn« die zweite der langen Reihe von wagemutigen Coverversionen, die MC riskiert hat. Diese Reihe reicht von »Girls Just Wanna Have Fun«, bekanntgeworden durch Cyndi Lauper, auf *Breakout* über Bret Michaels, Blondie und Metallica bis zu den Nine Inch Nails. Ihre Filmographie wiederum besteht anfangs ausschließlich aus (mehr oder weniger romantischen) Komödien und Mini-Erziehungsromanen, in denen die Frauen, die sie spielt, sich von den *powers that be* nichts erzählen lassen.

Zum Beispiel LOL (2012), ein amerikanisches Remake des fast gleichnamigen französischen Films *LOL: Laughing out Loud* (2008), das die Regisseurin und Drehbuchautorin des Originals, Lisa Azuelo, selbst verantwortet. Dieses Remake wurde zwar von der Kritik hingerichtet und ist an der Kasse abgeschmiert, was unter anderem daran liegt, dass es weniger charmant ist als die Erstfassung (»Charme« ist halt ein französisches, kein amerikanisches Wort). Aber ein paar Stärken hat die amerikanische Version doch, allen voran MC, die, wenn sie etwa gerade mit dem Dickkopf an einer Mauer lehnt oder einen Wunsch per Flunsch artikuliert, mehr wie der junge Elvis aussieht als selbst Austin Butler in Baz Luhrmanns *Elvis* (2022) – eine Transformation aus der Hannah-Persona heraus, die drastische Selbstüberarbeitungen ankündigt.

Die Figur Lola »Lol« Williams, die MC in LOL spielt, steht mitten im Sturm des »teenage wildlife« (David Bowie) und ist deshalb damit befasst, die Jungs (und, unterschwellig, auch die Mädchen) ihrer Umgebung nach Kriterien wie Freundschaft, Attraktivität, Lebensstil-Vorbildlichkeit zu sortieren, lässt aber diese Außenkontakte auch auf ihr Selbstverständnis und ihre Selbstpräsentation zurückwirken: Im Badezimmer muss sie sich von ihrer Mutter nach einem Zufallsblick auf den in Veränderung begriffenen Körper unter anderem fragen lassen, ob sie tatsächlich ein *brazilian waxing* hinter sich hat, eine professionelle Intimhaarentfernung also – Demi Moore, die diese Mutter spielt, ist stark dagegen, sie will nicht, dass ihre Tochter »wie ein Pornostar« aussieht. So werden Grenzen getestet und verschoben, Freiheiten gewährt und wieder einkassiert; Handybeschlagnahmung, Standpauke, Widerstand, Versöhnung – Gezeiten des Wachstums, die auch am zweiten Übergangsfilm zwischen der Hannah-Zeit und der *Bangerz*-Phase zerren: *So Undercover* (Regie: Tom Vaughan, Drehbuch: Allan Loeb und Steven Pearl). Ins Kino kam dieser Film in den USA nie, sondern wurde Anfang 2013 direkt auf DVD verramscht, wogegen bis heute niemand protestiert hat, ich auch nicht – unter Smilers gelten ja jeweils verschiedene Werke als das schwächste von oder mit MC, die Bandbreite ist enorm; *So Undercover* wäre meine persönliche Wahl.

Der Film ist ein frecher Abklatsch der Neo-Noir-Soap-Teen-und-Tween-Krimiserie *Veronica Mars*, die 2004 den völlig berechtigten Star-Ruhm der phantastischen Kristen Bell begründet hat. Wer jetzt »Hommage« sagt, um den Diebstahl zu rechtfertigen, soll sich in der dunkelsten Ecke schämen: Wie *Veronica Mars*, nur unbeholfener, erzählt *So Undercover* die Geschichte einer jungen Frau, die als Privatermittlerin in der Detektei ihres Vaters arbeitet, der früher Polizist war und dann wegen quasi-politischer Geschichten irgendwie rausgeflogen ist. Die Parallelen sind läppisch evident, man hat mit dem sichtlich unterforderten Mike O'Malley sogar einen Schauspieler für die Vaterrolle ausgesucht, der wie eine farblose Imitation des wunderbaren Enrico Colantoni wirkt, der in *Veronica Mars* den Vater spielt.

Zahlreiche Konstellationen und Szenengrundrisse sind aus der Show übernommen, etwa der Funkverkehr zwischen der

Tochter im Außeneinsatz und dem Vater im Abhörwagen, bei dem es nebenbei um Dating-Probleme geht, oder der Eifer der Tochter beim Bemühen, den Vater aus seinen finanziellen und beruflichen Nöten zu befreien. Und dann heißen Vater und Tochter auch noch mit Nachnamen »Morris«, was ein Polizistendarsteller schließlich angemessen verwaschen genau wie »Mars« ausspricht, damit es auch die Allerdümmsten schnallen.

Handlung? Na ja: MC schleicht sich als Miss Morris bei einer Studentinnenverbindung ein, um dort die Tochter eines Kronzeugen gegen einen georgischen Mafiaboss-Migranten zu überwachen und zu beschützen. Der mechanische Dreh »Achte darauf, wer etwas anderes ist, als er oder sie zu sein scheint« rattert lustlos durch; ein paar nette Momente kann man trotzdem mitnehmen: MC verdreht an den richtigen Stellen die Augen, macht das Beste aus den anderthalb witzigen Dialogsätzen, die man ihr gönnt, und der Höhepunkt, gegen Ende, beweist ihre Teamfähigkeit: Als Jeremy Piven, der, wie bei jedem seiner Auftritte, selbst aus diesem Schrott das Maximum herausholt, den Film in der letzten großen Hektik-Szene einfach an sich reißt, lässt MC ihre Vorherrschaft qua Hauptrolle uneitel und widerstandslos sausen, und Piven verhält sich seinerseits genauso, als dann von der Seite her, mit einem winzigen Nebenauftritt, auch ihm das Spotlight geraubt wird, nämlich von einer sehr guten Schauspielerin in einer extrem schwierigen Dummchen-Rolle, die sich von ihren dummen Voraussetzungen mittels Herz und Mut befreit – Applaus für die inzwischen auch als Regisseurin und Drehbuchautorin (*The Fallout*, 2021) hervorgetretene Megan Park; ihre wenigen, aber immer punktgenauen Beiträge zu *So Undercover* versöhnen fast mit dem Käse.

MC hat 2013 sowieso keine Zeit, sich über den *So Undercover*-Flop zu grämen; sie muss nämlich ihr erstes rundweg stimmiges Album raushauen: *Bangerz*.

6. Jetzt geht's aber los: *Bangerz*

Im Abstand von auch schon wieder zehn Jahren ist das Gigantischste an *Bangerz* die kaltschnäuzig souveräne Dramaturgie: Das Fest geht nicht mit einem Wachmacher los, sondern, als hätte MC alle Zeit der Welt, mit dem delikaten Sichräkeln und Sicheinsingen von »Adore«: »aaahhh«, Dehnübungen. Normalerweise schließt man damit, sich derart in Sound zu suhlen, eine (na, wie hieß das früher, in der Altsteinzeit?) Langspielplatte eher ab. Aber hier ist es ein Vorspiel, ein Knabbern und Züngeln an den Ohren.

Zack, und jetzt: »We Can't Stop«, ein sanft unaufhaltsamer Marsch, unterwegs werden Leute in den Po gekniffen, und man winkt rüber zum Strip Club, dann aber wird's eckig: »SMS (Bangerz)« mit Britney Spears, unerwartet kommt Nelly vorbei, steigt auf einen Gummiball und rappt, klar, das ist Hip-Hop, aber irgendwie auch Square Dance fürs »achy breaky heart«, »4 X 4«, siehe da, eine Nashville-Party, und keine Pause, als Nächstes protzt MC in »My Darling« mit Zitat-Luxus: »Stand by Me«, anschließend der Dinosaurier im Mädchenzimmer, »Wrecking Ball«, Fachleute schlagen nervös nach, was eine »Power-Ballade« ist, schon schiebt sich die nächste Clubhymne ins Hirn, »Love Money Party« mit Big Sean, leicht vergangstert und raggamuffisiert, hierauf folgt die Happy Hour, man pfeift sich was in kühner Wiederaufnahme von Motiven des Krachers »Party in the USA«, das Ganze heißt diesmal

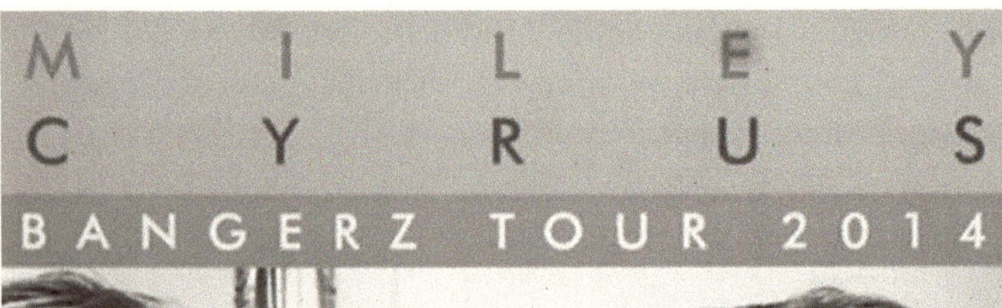
M I L E Y
C Y R U S
BANGERZ TOUR 2014

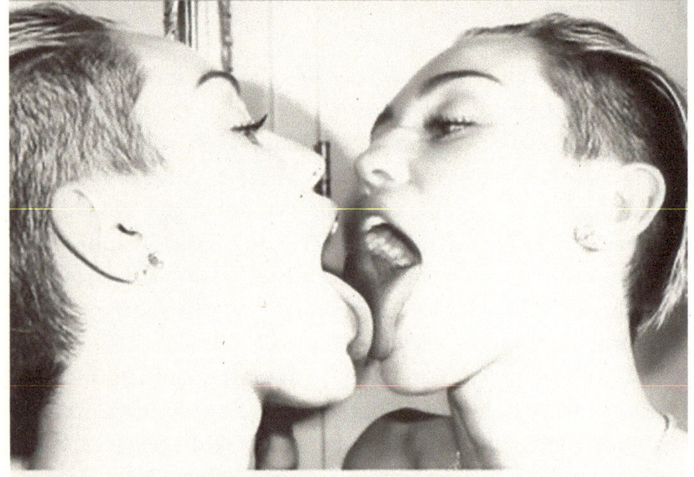

WITH SPECIAL GUEST
FREITAG 6.6.2014 19:30 UHR
FRANKFURT - FESTHALLE

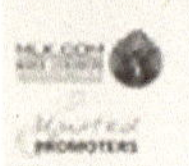

PROMOTERS
MILEYCYRUS.COM @MILEYCYRUS

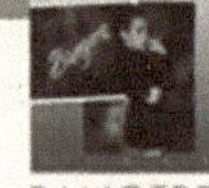
BANGERZ
IM HANDEL

Tourplakat

»#Getitright« und ist unüberhörbar von Pharrell Williams produziert, zu »Drive« im Anschluss kann selbst ein Auto nur noch ekstatisch die Hände in die Luft werfen und mit ihnen langsame Winkebewegungen durchführen, obwohl es gar keine hat, aber damit's nicht zu gemütlich und versöhnlich wird, legt sich die Heldin sofort danach in »FU« mit French Montana an, woraufhin der Iggy-Azalea-hafteste Song von MCs Laufbahn einsetzt, »Do My Thang«, der Stoff könnte auch gut auf Azaleas *The New Classic* Platz nehmen, aber MC schmeckt die Mischung selbstverständlich mit Eigensinn und Lebenserfahrung ab, es gibt einen schönen Reim von »Southern belle« auf »crazier than hell«, und die Art, wie sie das Wort »bitch« knatscht, gehört ihr ganz allein.

Kurz vor Schluss hebt ein Segelflieger ab, »Maybe You're Right«, kribbelnder Optimismus für das Stammhirn, und der Rausschmeißer »Someone Else« ist zartes Morgenleuchten.

Als Brittany Spanos Ende 2020 für den *Rolling Stone* bei MC vorbeischaut, zieht die nun erwachsene MC ihre eigene Bilanz der *Bangerz*-Explosion, unter Verweis auf das bei ihr an der Wand aufgehängte Riesenbild des *Bangerz*-Tour-Shirt-Motivs »MC leckt an einem Softeis«: »Look at his fucking wall. That wasn't about the music for a moment. The music was driving it, but all those things from that era, especially with *Bangerz*, the pop-culture moments almost eclipse the music itself« – also: »Schau dir diese verfickte Wand an. Bei dieser Sache ging's einen Moment lang gar nicht um die Musik. Die Musik hat es angetrieben, aber alles aus dieser Zeit, besonders rund um *Bangerz*, sah so aus, dass die Pop-Kultur-Momente die Musik beinah überschattet haben.« Natürlich hat daran das Abrisskugel-Nackedei-Video zu »Wrecking Ball« die Hauptschuld. Aber

MC hat sich damals nicht nur an der Image-Front mit vollem Einsatz geschlagen, sondern gleichzeitig sozusagen hintenrum auch an den verspieltesten und versponnensten Aspekten ihrer musikalischen Ansprüche an sich selbst gearbeitet, wobei immerhin das experimentelle Psychedelica-Album *Miley Cyrus & Her Dead Petz* (2015) herauskam, ein ganz anderer Meilenstein als *Bangerz*, aber eben auch einer.

7. Wie bitte? *Miley Cyrus & Her Dead Petz*

Die Wurzeln dieser Absonderlichkeit reichen bis in die Vor-*Bangerz*-Etappe zurück, in der sich aus tausend astrologischen und kulturhistorischen Gründen eine Begegnung zwischen MC und Wayne Coyne ergeben hatte. Coyne ist der Kopf des 1983 in Oklahoma City gegründeten Projekts The Flaming Lips; von dieser Band stammt unter anderem ein Opus namens *Zaireeka* (1997), zusammengesetzt aus vier CDs, die man auf vier Geräten gleichzeitig abspielen kann beziehungsweise sollte, was eine spezielle Art von (Dis-)Harmonie, Mustererkennung (»strukturelles Hören«), Hippie-Kontrapunktik und Aufmerksamkeitszersetzungserfahrung ergibt.

Der Titel ist übrigens ein Kofferwort aus »Zaire« (also dem Namen eines Landes, das Coyne und Co. zur Zeit der Aufnahmen faszinierend fanden, weil es als unregierbar galt) und »Eureka!« (bei uns oft »Heureka!«), dem alten »Mir geht ein Licht auf«-Ausruf des altgriechischen Mathematikers Archimedes.

Die nach Veröffentlichungsdatum chronologisch erste Zusammenarbeit der Band mit MC findet sich auf der Komplett-Neudeutung des Beatles-Albums *Sgt. Pepper's Lonely Hearts Club Band* (1967) durch die Flaming Lips namens *With a Little*

Help from My Fwends (2014), wo die Sängerin eine schön vertrödelt in sich gekehrte Version von »Lucy in the Sky with Diamonds« wagt, die seit einiger Zeit auch zu ihrem Live-Repertoire gehört, und sich außerdem an einer flusig verformten Fassung von »A Day in the Life« beteiligt, mit der das Album ausklingt. Die *Sgt. Pepper's*-Periode der Beatles wird oft als die Wiege des Psychedelic Rock aufgefasst, wobei das Wort »psychedelisch« die Behauptung bezeichnet, Erlebnisse mit gewissen halluzinogenen Drogen seien erhellende Schnittstellen zwischen einerseits Körperlichem (Innervationen beispielsweise sexueller oder, bei »bad trips«, auch mal panischer Art) und andererseits abstrakten, kosmischen, universalen Zuständen eines synästhetisch-ozeanischen Universums. Wenn dann noch schräge Musik dazukommt, so meinten die einschlägigen Hippies, dann läuft und fließt und sprudelt die Offenbarung doppelt so gut, als Eintauchen des Gehirns in Klang oder schwammartiges Aufsaugen dieses Klanges durch die Seele.

In genau diesem Sinne ist *Miley Cyrus & Her Dead Petz* zugleich die auf der einen Seite verschwommenste, hallverdröhnteste Platte, an der sich MC beteiligt hat, und auf der anderen nicht nur per Hauchen, Keuchen, Lechzen und Japsen der Sängerin das sexualisierteste Objekt, das unter ihrem Namen erschienen ist, wobei Tracktitel wie »Fuckin Fucked Up«, »Dooo It!« oder »Bang Me Box« eine je nach Lesart ein-, zwei- oder auch unendlichdeutige Sprache stöhnen.

Großzügigerweise hat das kreative Personal hinter *Dead Petz* zur Erleichterung der Deutung des Klang-Schaumbads, das diese Leute da aufgekocht haben, ein paar passende Videoclips hergestellt:

Bei »Dooo It!« läuft der Sängerin wie schon auf dem offiziellen Album- bzw. Mixtape-Cover ein wahrscheinlich sehr wohlriechender, mit Glitter versetzter Einhorn-Soßen-Schmadder um die Schnauze, zwischendurch abgelöst von »Milky Milky Milk«, wie ein anderer Track (und eine kurze, das Album feiernde Tour, die MC mit den anderen Irren 2015 absolvierte) heißt, und dazu mault sie wissend in den Beat: »Feel like I am one with the universe / And all I need is right here / Feel like I am part of the universe / And it's part of me / Yo, sing about love / Love is what you need / Loving what you sing / And loving smoking weed / (Weed, weed, weed, weed) / Sing about peace / Being high and free / So if you don't give a fuck / Sing along with me«, was denn sonst?

Die Nummer »Lighter«, zu der es ebenfalls ein Filmchen gibt, raucht verwandtes Kraut, klingt aber zur Abwechslung nach einer Verzwirbelung aus *Twin Peaks*-Soundtrack und Tangerine Dream; visuell wird MC dazu von bunten Lichtflecken belästigt und äußert sich solid liebesfähig: »And when I need the fire / You're always my lighter«. Schweben kann man, zeigt sich hier, auch ohne Verlassen des Bodens, man steht dann zwar fest auf der Erde, schwebt aber mit den Armen und dem Oberkörper.

Selbst diese Enthüllung ist ein harmloses Tapetenmuster, verglichen mit dem besten und beknacktesten *Dead Petz*-Clip, der Visualisierung von »BB Talk« nämlich, einem überdurchschnittlich-übersinnlich verrückten Glanzlicht in MCs Gesamtlaufbahn: Im Kleinkindkostüm beziehungsweise Windelanzug, teils mit überdimensioniertem Blütendach-Hut, fingert sie hier an ihren Zehen herum, wälzt sich auf dem Boden oder zelebriert mit anderen, ebenfalls als Kleinkinder kostümierten Erwachsenen Formationstänze, wozu glitschigste Privatangelegenheiten ausgeplaudert werden, aber nicht als Kontrollverlust, sondern als unsentimental runtergerockte

Deklaration der Übernahme künstlerischer Verantwortung für die kümmerlichsten Sachen, die man überhaupt fühlen kann, beim Knutschen zum Beispiel: »You know what, in the beginning, it was like / We were fucking homies and shit and then / All of a sudden you started with some fucking baby goo-goo tongue down my fucking throat / I mean, even in front of your mom / Dude, as if I'm not fucking awkward enough«.

Die Offenherzigkeit der Kunstäußerungen, die MC in dieses prächtige Zeug investiert hat, sind von ihr selbst mit traurigen persönlichen Erlebnissen in Verbindung gebracht worden – während der *Bangerz*-Tour 2014 wurde ihr geliebter Hund Floyd von Kojoten gerissen, kurz danach erlitt sie einen allergischen Schock nach einer Antibiotikabehandlung.

Persönliches Leiden, persönliche Glücksansprüche, erotische Fluidität weit über alle Sex-Show-Standards und deren Binaritäten und Differenzen hinaus, verbunden mit Drogenmut und kosmischen Anwandlungen: Wo eine Performerin derart direkt ihre Lust und ihr Leid zu Stoff und Thema ihrer Darbietungen macht, nimmt die öffentliche Resonanz gern Geschlechterzuweisungen vor, mal in abfälliger (»Das ist ja typische sentimentale Frauenkunst«), mal in wohlmeinender (»Frauenkunst, das Emanzipatorischste, was es gibt«) Tonart.

Den *Bangerz-Dead Petz*-Nexus kann man sich dementsprechend feuilletonistisch so zurechtlegen, dass er in die Nachfolge von Arbeiten bekannter Frauen auf dem Feld der bildenden Kunst zu gehören scheint, die nach der sogenannten sexuellen Liberalisierung der 1960er und 70er Jahre entsprechende Grenzüberschreitungen und -verschiebungen veranstaltet haben.

Die feministische und feministisch-künstlerische Kritik an besagter Liberalisierung sah die angebliche Befreiung als eine

Folge von Vollbeschäftigung und Verhütungspille, die, statt eindeutig emanzipatorische Ergebnisse zu zeitigen, vor allem im linksliberalen und studentisch-anti-autoritären Milieu alte Ehe- und Keuschheitsverbindlichkeiten überkommener Weiblichkeitsbilder nur zu dem Zweck lockerte, danach den Frauen sexuelle Verfügbarkeit und diverse psychologische Fürsorgedienste abzuverlangen (wer das weit hergeholt findet, sehe sich nur mal den schauerlichen, im Berliner studentischen Gammler-Kosmos angesiedelten 1968er Film *Quartett im Bett* von Ulrich Schamoni an; diese 1969 auch noch mit dem Ernst-Lubitsch-Preis ausgezeichnete Klamotte ist ziemlich zeittypisch, greift allerlei amerikanische Hippie-Vorbilder auf und verlangt einen starken Magen). Darauf also reagierten Künstlerinnen wie Valie Export (»Genitalpanik«), Rebecca Horn oder Joan Jonas mit Versuchen, die ästhetische Definitionsmacht über weibliche Körper zu beanspruchen und zu verteidigen.

Das geht mit großen Qualitätsschwankungen bis heute weiter, in Performance, Installations- und Konzeptkunst, Malerei, Skulptur und Galerie-Film, von Marina Abramović und Niki de Saint Phalle über Maria Lassnig bis Pipilotti Rist, Cindy Sherman oder Zoe Leonard; inzwischen bleiben diese weißen Frauen dabei auch nicht mehr unter sich – bei Kara Walker zum Beispiel geht es intersektional zu, Weiblichkeitszuschreibungen begegnen rassistischen Kategorisierungen.

Das alles, so viele oberflächlich formal vergleichbare Erscheinungen sich aus diesem Pool den transgressiveren, spektakuläreren Aktionen von MC zuordnen lassen, so intensiv und, wenn dieses authentizitätsbeduselte Wort denn sein muss, »existentiell« vieles aus diesem Feld ist, führt vielleicht doch in die Irre. Denn es bleibt in der bildenden Kunst einiges hinterm Werk-Schirm; die bildende Künstlerin ist der Neugier der Öffentlichkeit nur kontrolliert ausgesetzt, die Schauplätze ihres Wirkens sind Ausstellungen, Kataloge, Kritiken, sie hat es, anders als MC, vergleichsweise selten mit Paparazzi, Social-Media-Orkanen, News-Dauerfeuer, Talkshows und natürlich Auftritten in Fußballstadien zu tun. Vielleicht ist die einzige Frauenrolle, die historisch der (Lebens-)Arbeit von MC im *Bangerz-Dead Petz*-Zeitraum – nennen wir den, mit unverstelltem Blick auf das exhibitionistische Risikomanagement, das sie dabei zu bewältigen hatte, ihre »entblößte Phase« – den Kraftlinien nach wirklich gleicht, die Rolle der modernisierten Zauberpriesterin, der Drogen-und-Sex-Hexe mit künstlerischer Strategie und Lebensstil-Taktik – gelebt und performt von Frauen wie der Geigerin Leila Waddel, die einen meist zu wenig gewürdigten Anteil am Skandalschaffen des britischen Chef-Okkultisten Aleister Crowley hatte, oder von der amerikanischen Sexualtheoretikerin, Bauchtanz-Philosophin und Mystikerin Ida C. Craddock, die mit bigotten Hetzkampagnen ringen musste, oder von der Künstlerin Marjorie Cameron, die mit ihrem Gatten, dem Raketenbauer Jack Parsons, und dem späteren Gründer der Scientology-Sekte L. Ron Hubbard an einer berüchtigten Serie von Quasi-Happening-Ritualen namens »Babalon Working« beteiligt war, oder von der Australierin Rosaleen Norton, die in ihrem Coven (also »Hexenzirkel«) erotische Experimente mit dem Dichter Gavin Greenlees und anderer Kulturprominenz durchführte, die ihr heftige Denunziationen wegen »abartiger Praktiken« in der Presse bescherten.

Diese Frauen hatten Mühe, die Früchte ihrer Neugier zu genießen und die Beziehungen des eigenen Körpers zum Universum selbstbestimmt zu organisieren, weil sie verbellt, verleumdet und beschimpft wurden.

MC hat sich unter vergleichbaren Umständen bis jetzt nicht nur gerade gehalten, es gelang ihr sogar, die einmal erprobte zeigefreudige Praxis zu ihren eigenen Bedingungen wieder ein bisschen runterzufahren und sich der Musik um ihrer selbst willen zu widmen.

Den Abschluss der besagten Phase markiert die Veröffentlichung des ersten offiziellen Albums nach *Bangerz* (die *Dead Petz* waren im Netz erst verschenkt, dann gegen erträgliche Gebühren gestreamt worden), wieder sehr stimmig, aber reifer, mit längerem Atem – *Younger Now*.

8. Anders weiter: *Younger Now* und *Plastic Hearts*

In der FAZ vom 28. September 2017 habe ich darüber geschrieben, was *Younger Now* für ein Signal war nach der entblößten Phase, in der MC zuletzt »mit langen, lustigen und smarten Interviews« zu provokanten Fotostrecken in Presse-Erzeugnissen »jeweils einen künstlerischen Kontext« hergestellt hatte –

> »fürs fingerfarbenversaute Para-Porno-Feature im New Yorker *Paper* 2015, inklusive lebendigen kleinen Schweinchens, etwa den Frage-Antwort-Essay *Miley Cyrus: Use Your Voice*: Sie hatte sich da nämlich in Räumen gefläzt, die Otto Normalvoyeur meidet, weil er da Sachen mitkriegt, die seine Geschlechternormen anzünden – die wildesten Bilder gab's im *Candy Transversal*-Magazin zu sehen, 2016, photographiert vom in jeder Hinsicht unmöglichen Terry Richardson, umgeben von konfrontativ schönen Inszenierungen verweigerter Rolleneindeutigkeit. Als ein Jahr später das Video zur ersten Vorabsingle der *Younger Now*-

Kampagne ins Netz fiel, ›Malibu‹, schien der Hormonsturm schon wieder ausgestanden. Jetzt gab die Künstlerin sich zwar nicht reuig, aber doch reifer, als habe eine Seele, deren Selbstenthemmung einem tieferen autotherapeutischen Zweck gefolgt sein muss, das Lenkrad nur mal kurz losgelassen und lege jetzt die rechte Hand wieder drauf, um gelassen gegenzusteuern, bevor es in den Graben geht, wo viele sie schon liegen sahen. [...] Mit ›Malibu‹ setzte Miley Cyrus nach dem Remmidemmi erst mal Schmelz für Rausch und Sehnsucht für Lust, der Himmel war nicht mehr zum Abfackeln da, sondern ›more blue‹«, damit meine ich die schwermütigeren Momente des Albums, »Songs wie ›Miss You So Much‹ oder ›She's Not Him‹.«

»Week Without You« steuert dann wieder andere Farben bei, in diesem Fall selbstbewusst vom jeweiligen Kerl unabhängige – überhaupt: »Grandiose Wetterwechsel sind der größte Vorzug dieser Platte, plastisch herausgearbeitet von den Feingefühlfingern des Produzenten Oren Yoel«, der schon bei den *Dead Petz* mitgeholfen hatte. Das Beeindruckendste an *Younger Now* ist, sozusagen als Spiegelung zum weichen Auftakt von *Bangerz*, das zärtliche Ende:

> »Miley Cyrus weiß so wenig wie alle anderen einen Weg ins Freie, aber ihre besten Einfälle behaupten, dass man einen finden könnte, dass das Spiel noch nicht vorbei ist, dass das Altern ewig neuer Hoffnungen nicht deren Versauern in ironischer oder fetischistischer Retrodummheit bedeuten muss. Aus den Violinwirbelchen der letzten Nummer auf *Younger Now*, ›Inspired‹, ruft die Stimme der Traumtänzerin: Du musst nur die Türklinke anfassen an der Tür, ›that

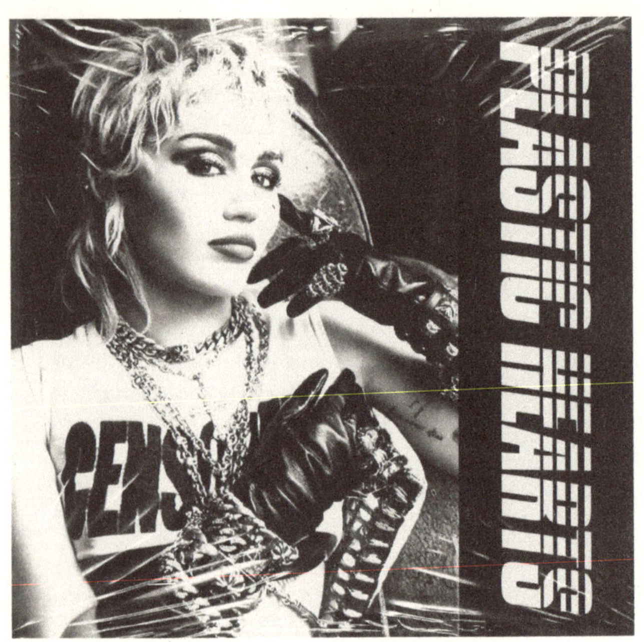

Plastic Hearts

opens up to change, I know it sounds so strange‹. Schön gesehen. Noch schöner gesungen.«

2019 zieht MC in die Nachbarschaft von Leuten wie den Kardashians, Drake und Jessica Simpson, ver- und entknotet sich dann mit Herrn Hemsworth und baut Stein für Stein an ihrem musikalischen Eigenbau, dessen nächster Stock eine richtige Rockplatte wird, *Plastic Hearts*, zusammengeschraubt mitten während der bedrückten und zugleich nervösen Zeit des ersten Jahres der weltweiten Anti-Pandemie-Maßnahmen – der Eindruck, den ich der *FAZ* am 1. Dezember 2020 aufgeschrieben habe, kommt mir auch drei Jahre später richtig vor, besonders, was die Würdigung der handverlesenen Gastpersonage angeht:

> »In der Plattenmitte [...] scheucht Kermit der Frosch Billy Idol an die Rampe, die Nummer heißt ›Night Crawling‹, und Opa singt, gewinnend sexy, ›Sometimes my thoughts are violent‹. [...] Die Vorab-Single ›Midnight Sky‹ ist passabel funky (im Sinne von: Giorgio Moroder niest gern), und zwei Tracks später kommt das Größte: ›Bad Karma‹ mit Joan Jett, ›you're thinking that I'm sleeping when I'm creeping in the night‹. [...] Damendrachenfeuerseufzen mit langen pinken Fingernägeln? Das Lied des Jahres jedenfalls, in drei Minuten, länger muss Kunst offenbar nicht sein, egal, was die vielen Kranken glauben, die sich heute unterhalb vertraglich zugesicherter Wagner-Opernlänge gar nicht mehr ins Studio bequemen. Bleibt inmitten von so viel Schmackes und Finesse zuletzt die uralte Frage: Was will uns die Künstlerin damit sagen? *Plastic Hearts* ist zunächst die lebende Brücke zwischen einerseits den Runaways (also Joan Jetts bester Phase) und andererseits dem Gesamtwerk von Miley Cyrus' Patentante Dolly Parton. Anstatt sich freilich wie diese Vorbilder für je ein Genre (Countrypop bei Parton, Poprock bei Jett) zu entscheiden, bebildert die Jüngere seit spätestens ihrer lotusblütenbekränzten Kollaboration mit den Flaming Lips [...] immer wieder neu die Idee ›Je praller das Menü, desto wählerischer der Geschmack‹.«

Ziemlich genau auf halber Strecke zwischen *Younger Now* und *Plastic Hearts* schenkt MC den Smilers und allen, die es sonst noch verdient haben, etwas Neues und Herausragendes in ihrem anderen Beruf, der Schauspielerei, in Gestalt ihrer Verkörperung einer Popsängerin in der am 5. Juni 2019 ins Netz gestellten *Black Mirror*-Folge »Rachel, Jack and Ashley Too«, geschrieben von Charlie Brooker, inszeniert von Anne Sewitzky.

9. Weg mit dem Kabel: »Rachel, Jack and Ashley Too«

Black Mirror, geschaffen von Brooker, gehört zu den intelligentesten Science-Fiction-Serienformaten. Zunächst von 2011 bis 2013 vom britischen TV-Sender Channel 4 ausgestrahlt, wurde die Show im Jahr 2015 von Netflix übernommen. Sie funktioniert nach dem Anthologieprinzip: Jede Episode ist in sich abgeschlossen und spielt in einer spezifisch für sie erfundenen Welt, in der es meist irgendein technisches Gimmick gibt, das die gesamte Lebenswirklichkeit der Figuren prägt – neue Arten der Robotik, bisher unbekannte Biotechnik, verbesserte Computermodelle menschlichen Verhaltens und so weiter. Der Grundton ist düster, es wird eigentlich alles immer schlimmer. Ambivalente oder vorsichtig optimistische Episoden sind selten, die allerbeste gehört allerdings dazu, nämlich die (wie MCs Gastrolle) von Brooker persönlich geschriebene und von Owen Harris inszenierte Seelen-Download-Romanze »San Junipero« (2016) mit Gugu Mbatha-Raw und Mackenzie Davis als Kelly und Yorkie, zwei Frauen, die einander in einem Jenseits kennenlernen, das seine technikbedingten Vor- und Nachteile hat, am Ende aber tatsächlich für die schlimmsten

Verlusterfahrungen, die Menschen machen können, etwas wie Trost anbietet, mehr will ich nicht verraten, ich kann das Ding nur von ganzem Herzen empfehlen – genau wie »Rachel, Jack and Ashley Too« mit MC.

Letztere Episode beginnt an einer kalifornischen High School, die wie eine ausgeblutete und mit Schwermetallen im Essen vergiftete Mutation alter *Hannah Montana*-Settings aussieht. Die Kids hier wirken, als hätten sie mehrere Vampirangriffe nur knapp überlebt, dafür haben sie echte Pickel. Das ärmste Bündel Elend ist die 15-jährige Rachel, die nach dem Tod der Mutter mit ihrer kleinen Restfamilie in diese Gegend umziehen musste, wo sie keinen Anschluss an Gleichaltrige findet, sich aber auch zuhause nicht wohl fühlt, weil sie dort im Dauerbelagerungszustand lebt, bedrängt durch die Anwesenheit ihrer älteren Schwester Jack, mit der sie ein nur durch ein Schnickschnack-Regal in zwei Hälften gespaltenes Zimmer teilt. Das Gesicht, das die Schauspielerin Angouri Rice der schüchternen Rachel schenkt, guckt verletzlich in die Welt, ein perfekter Kontrast zur harten Schnute, die Madison Davenport als Jack zieht.

Jack ist dunkelhaarig, Rachel blond.

Jack trägt einen Nasenring und sitzt Tag und Nacht auf dem Bett, um ihrem meist über Kopfhörer nur in ihrem Kopf lärmenden Schrammelbrett Coverversionen von Songs zu entlocken, die dem nonkonformistischen Musikschatz der toten Mutter entstammen: Alternative Rock, Indie Rock, Sonic Youth, Zeug aus der Nachbarschaft der Flaming Lips. Rachels Zimmerhälfte dagegen ist zugepflastert mit Plakaten, Zeitungsausrissen und Netzfunden aus der Welt der Popsängerin Ashley O, mit bürgerlichem Namen Ashley Ortiz, die es aus der Influencer-Welt und dem TikTok-Tanzterror zur Weltprominenz geschafft hat, als retrofuturistische Wiedergängerin von Covergirls alter *Mondo 2000*-Ausgaben (das war das bessere, leider längst tote *Wired*) sowie illegitime Kreuzung von Lady Miss Kier (dem extrovertierten Front-Wunder der House-Techno-Hip-Hop-Funk-Band Dee Lite) mit der frühen Britney Spears. Diese Wunderwaffe spielt natürlich MC.

Rachel holt sich bei Ashley O nicht nur Bummbumm-Musik (Ashleys größter Hit ist ein Kartoffelstampfer namens »I'm on A Roll«), sondern auch Selbstoptimierungs-Lügen wie »Du kannst alles schaffen, wenn du nur willst« oder »Du bist unglaublich, es weiß nur noch niemand«, neoliberale Scheiße vom Schäbigsten, mit der eingebauten Inversion »Wer's nicht hinkriegt, ist selber schuld«.

Jacks und Rachels tapsiger verwitweter Vater versucht gar nicht erst, zwischen den beiden unversöhnbaren Lebensskizzen der Töchter zu vermitteln, sondern kümmert sich lieber um seine robotischen Mäuse, für die er eine App nach der anderen schreibt, um ihnen beizubringen, wie man richtige Mäuse und andere unwillkommene Hausgäste fängt. Denn davon lebt der Mann, verkörpert von Marc Menchaca, einem As in gebrochenen Männerrollen (siehe etwa die Serienverfilmung von Stephen Kings *Outsider* aus dem Jahr 2020).

So beschäftigt sich Jack mit Mamas Platten und Rachel mit Ashley O, bis Letztere aus den Wolken steigt und leibhaftig ins Kinderzimmer kommt – in Gestalt einer Robo-Designer-Puppen-Nachbildung aus Plastik und Elektronik namens Ashley Too, auf die man die »komplette Persönlichkeit« des Popstars geladen hat. Das Ding ist ein personalisierter Chatbot.

Diese etwa anderthalb Kinderhände große Puppe gibt Rachel nun Schminkhinweise, stachelt sie zur Teilnahme an einer

High-School-Talentshow an (das geht grausam schief), unterhält sich mit ihr aber auch über Kummer und wirkt dabei, als wüsste sie sogar, was Kummer ist. Vielleicht weiß sie es wirklich – wer's jedenfalls weiß, ist die tatsächliche Ashley O, das zeigt eine Parallelhandlung. Die Vielbewunderte schläft schlecht, erwacht gerädert, schluckt Tabletten oder nicht, setzt sich ans Klavier in ihrer Villa, spielt ein paar Takte, würfelt am Text herum, verloren, ausgelaugt. Kundige hören heraus: Sie versucht da, einen Song zu schreiben, den's schon gibt, »Right Where It Belongs« von Trent Reznor bzw. den Nine Inch Nails (zuhause auf *With Teeth* aus dem Jahr 2005). Die Wahl von Reznors Musik als Quelle für Ashley Os Hits ist ein guter, böser Witz; auch »I'm on a Roll« verarbeitet ein Stück dieses Krachdichters, der außerdem zu den besten Filmmusikschaffenden des frühen 21. Jahrhunderts gehört, nämlich »Head Like A Hole« (zuhause auf dem Nine-Inch-Nails-Debüt *Pretty Hate Machine* aus dem Jahr 1989).

Schmerz, Depersonalisation, Weltekel: Ashley O würde gerne Stimmungen behandeln, die Reznor gültig gestaltet hat, aber ihre Tante Catherine lässt sie nicht – und die ist nun mal Aufsicht, Managerin, Über-Ich, Tyrannin, vor allem aber von Ressentiment darüber erfüllt, dass ihr die Waise Ashley nach dem Tod der Eltern aufgebürdet wurde. Diese schaurige Person, von ihrer Darstellerin Susan Pourfar als gewissenloser Neid-Zapfen angelegt, hält das Mündel mit Drogen und Manipulation unmündig und in Abhängigkeit. Die Analogien zum Fall Britney Spears sind offenkundig und berühren eigenartig, wenn man weiß, dass MCs erste selbstgekaufte CD Britneys *Baby One More Time* (1998) war und das *Bangerz*-Titelstück eine aufsehenerregende »collab« der beiden ist.

Aber Ashley O lässt sich auch lesen als MC selbst, wenn diese gezwungen gewesen wäre, ihre Pop-Karriere nicht nur als Hannah Montana zu beginnen, sondern auch so fortzusetzen.

Ob's an dieser persönlichen Rollendimension liegt oder einfach an ihrer ständig wachsenden Verfügung über alle Kunstmittel, die sie interessieren, jedenfalls zeigt MC sich in Höchstform –der schwermütige Blick unterm Schirm der weißen Baseballmütze aus der Limousine, wenn sie an einem Club vorbeikutschiert wird, in dem sie nie würde feiern dürfen, die verschlafenen Tast-Suchbewegungen nach einer eigenen Melodie am Feurich-Klavier, die müden Tränen der Ausgelaugten beim Streit mit der Tante: *This is acting.*

Die Tante vergiftet sie, Ashley O fällt ins Koma, aber per digitalem Hirnsauger wird sie weitergemolken: Eine KI konstruiert aus ihren Traumimpulsen Song-Ideen. Das Leben ist vorbei, die Karriere geht weiter. Rachel ist zerschmettert, als sie von der Dauerbewusstlosigkeit ihrer Göttin erfährt. Das rührt selbst die Biestschwester Jack, die Rachel zuvor ihre Ashley-Too-Puppe weggenommen und sie versteckt hat. Sie rückt sie also wieder raus, aber Rachel bringt die Fortsetzung des geliebten Dialogspiels nicht über sich und stellt die Puppe deaktiviert ins Regal. Dort aber versteht deren Sinnesdatenverarbeitung einen Nachrichtensatz falsch, nämlich als Weckruf, erfährt so alles über die Lage der Frau, deren Kopie sie ist, und brutzelt davon durch.

Rachel und Jack versuchen, sie mit der Mäusehirn-Software des Vaters zu reparieren, und jetzt wird klar, dass der zweite Teil des Jobs, den MC hier erledigt, nämlich ihre Stimme der Puppe zu leihen, viel mehr von ihr verlangt und ihr viel mehr erlaubt, als bis jetzt zu ahnen war.

Denn der Reparaturversuch brennt einen Damm nieder, der Ashley Toos Kopie des Bewusstseins von Ashley O in der Kommunikation auf Marketing und gute Ratschläge für die Kundschaft beschränkt hat, in digitaler Nachempfindung der Dressur der wirklichen Ashley durch die Tante und ihr Management. Jetzt ist die Puppe frei und schreit und flucht als Erstes, man möge das verdammte Kabel am Akku »aus meinem Arsch« ziehen.

Der Charakter, der sich nun zeigt, hat viel mit der Interviewpersönlichkeit von MC zu tun und wenig mit Personae wie Ashley O, Ashley Too, Hannah Montana und wie sie alle heißen – »they copied my entire fucking mind«, und das kriegt ihr jetzt alle zu hören.

So erfahren Jack und Rachel die Wahrheit über Vertragssklaverei und Käfighaltung von Rachels Idol und brechen auf zur heiligen Mission der Rettung dieser bedauernswerten Frau. Dass MC, die ihre Stimme an sich selbst das Wichtigste findet, damit ohne sichtbare Präsenz eine Menge nicht nur mit Musik, sondern auch als Schauspielerin anstellen kann, zur Not auf kleinstem Raum, war ja schon vor dem *Black Mirror*-Coup bekannt, ihr Winzauftritt im Marvel Cinematic Universe als Künstliche Intelligenz »Mainframe« legt davon Zeugnis ab. Und schon als begrenzte, domestizierte Ashley Too ist ihr schlaues Spiel eine Freude. Aber nach dem Kurzschluss und der Wiederauferstehung reitet sie die Rolle, wie man einen Mustang zähmt, und was daraus wird, will ich hier für mich behalten (mehr Spaß als die Lektüre jeder Nacherzählung, die ich schreiben könnte, macht es zweifellos, das selbst zu hören und zu sehen).

Spätestens an diesem Punkt meines kleinen Modells des persönlichen und künstlerischen Wegs, den MC bisher zurücklegen konnte, hat dessen Bahn ein Eigenleben gegenüber dem Text gewonnen, weil diese Bahn sich als eine Bewegung weg vom Einordnen, Zuschreiben, vom Handling und Zurichten enthüllt hat, als eine Geschichte, die davon handelt, dass eine Person sich nicht kaufen lassen will, sich aber auf Zeit vermieten muss, um an die Mittel zur Emanzipation zu kommen, die sie dann auslebt wie im 2023er »Flowers«-Video, einem heiteren, coolen, groovy Nachruf auf MCs Beziehung zu und Ehe mit Liam Hemsworth, in dem sie, angetan mit einer Robe aus Yves Saint Laurents Herbst- und Winterkollektion 1993, eine gewundene Straße hochtanzt, um die Feierlichkeiten der errungenen Unabhängigkeit dann im Pool, beim Sport und Geschlängel durch die Wohnung fortzusetzen.

Wer will sie fangen und festlegen?

»Fertig« kann ein dermaßen offener Weg nicht erzählt werden. Zum Schluss möchte ich daher doch noch mal ein paar Schritte vor, zurück und zur Seite mit MC gehen, für ein paar Takte vorsichtiger und respektvoller erweiterter Deutung, dazu, wie das klingt und aussieht, was das ist und wieso das alles denen so sehr gefällt, die es lieben.

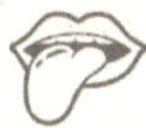

Drei: Die Entflohene

> I hide myself within my flower
> Emily Dickinson, *Ohne Titel*

1. Wovon handelt »sexy«?

In den Erzeugnissen des schöpferischen Phantasierens, vom hinterletzten Spruch an irgendeiner Klowand bis zum Gesamtwerk von Marcel Proust, stehen immer Zeichen für irgendwas anderes, und wenn das Ganze »Kunst« heißt, ist der soziale Raum für diese Erzeugnisse durch Anerkennung ihres Kulturwerts geschützt. Man kann ausprobieren, was als Zeichen verwendbar ist und wofür das stehen kann. Es geht um Aussagen, aber nicht zwingend solche über Wirkliches, nicht mal immer über Mögliches, auch nicht stets über Wahres wie bei Naturgesetzen, die etwas über Mögliches und Wirkliches sagen, indem sie die Form annehmen: »Falls ich dieses Wasser auf hundert Grad Celsius erhitzen würde, finge es an zu kochen.«

Die Kunst hat, anders als solche Lehrsätze, bei ihren Behauptungen über Vorstellbares die Gestalt einer sinnlich erlebbaren Demonstration: »Wenn ich eine völlig freie Person wäre, würde ich so klingen wie dieses lachende Lied.« Genau das singt MC immer mit, wenn sie einige ihrer größten Hits singt.

Eine ziemlich primitive Form der psychoanalytischen Betrachtung von Kunst, darunter auch von Popmusik, will die meisten, wenn nicht alle Zeichen, die da gesendet werden, als Ausdrücke für Sexuelles sehen.

»Irgendwas steht für irgendwas«, die freie Spielvoraussetzung nicht nur aller Kunst, sondern schon aller sprachlichen Ausdrucksweisen, wird dabei zusammengestrichen auf »Alles steht für Sex«. Wenn man das nicht einsieht, sondern den von dieser These verengten Spielraum wieder öffnen möchte, wird schnell klar, dass auch Darstellungen von Sex nicht für Sex stehen müssen, sondern vielleicht für was anderes stehen könnten.

Was wäre das aber?

Sex ist schön als In- und Durcheinander von Selbstfindung und Selbstverlust im Genuss, als Erfahrung, in der man ganz bei sich und ganz außer sich ist, Bestätigung und Sichpreisgeben, man ist abwechselnd oder gleichzeitig Subjekt (einer sexuellen Handlung) und Objekt (des Begehrens anderer) und so weiter, die äußerste Zuspitzung und zugleich Zerstörung von »Ja, das will ich«.

Die berühmte »Willensfreiheit« ist etwas Inneres, das nur als Äußeres gelebt werden kann, nämlich als Freiheit von Zwang, Drohung, Gewalt. Sie ist die Idee: Ich darf dich nicht zwingen, du darfst mich nicht zwingen (alle guten, interessanten, verstörenden oder/und verführerischen künstlerischen Darstellungen von Sex, besonders die expliziten, handeln davon, besonders die visuellen, also sinnlich evidenten, von oben bis unten sozusagen, also von als Kunst halbwegs anerkannten Kinoproduktionen wie Lars von Triers *NYMPH()MANIAC* aus dem Jahr 2013 bis zu vermeintlichem *weird trash* wie der phantastischen Groteske *Shining Sex* von Jess [bzw. Jesús] Franco aus dem Jahr 1975).

Das Thema kann man an MCs Karriere durchspielen: Quatsch und Marketing sprechen von Pop, aber Pop spricht von Kunst spricht von Kindlichkeit spricht von Wachsenwollen spricht von Sex spricht von Lernen spricht von diesem Prozess des »etwas spricht für was« selbst, in Gestalt von Metamorphosen. Hannah Montana ist in Wirklichkeit Miley Stewart ist in Wirklichkeit Miley Cyrus ist in Wirklichkeit Destiny Hope Cyrus ist in Wirklichkeit eine Person, die es immer noch gar nicht gibt.

Spiegel in Spiegeln: Wer ist wirklich die Schönste im ganzen Land? Die, die es immer gerade erst wird. Kleines Mädchen, tanzend vor dem Spiegel, mit Mamas Haarbürste als Mikrophon, in bunten Tüchern, mit geklauten Kettchen und verrücktem Zeug behangen.

2. Freiheit für und gegen wen?

So supersympathisch jede Sehnsucht nach Selbstbestimmung zunächst immer ist, so unvermeidlich birgt sie die Gefahr, zu einer unstillbaren Gier zu mutieren, die verlangt, alle Umstände, in die man geraten kann, zu kontrollieren und zu beherrschen, auch dann, wenn das schlicht unmöglich ist oder aus einem anderen Grund in Schaden umschlagen muss, für andere Menschen wie für die Kontrollversessenen.

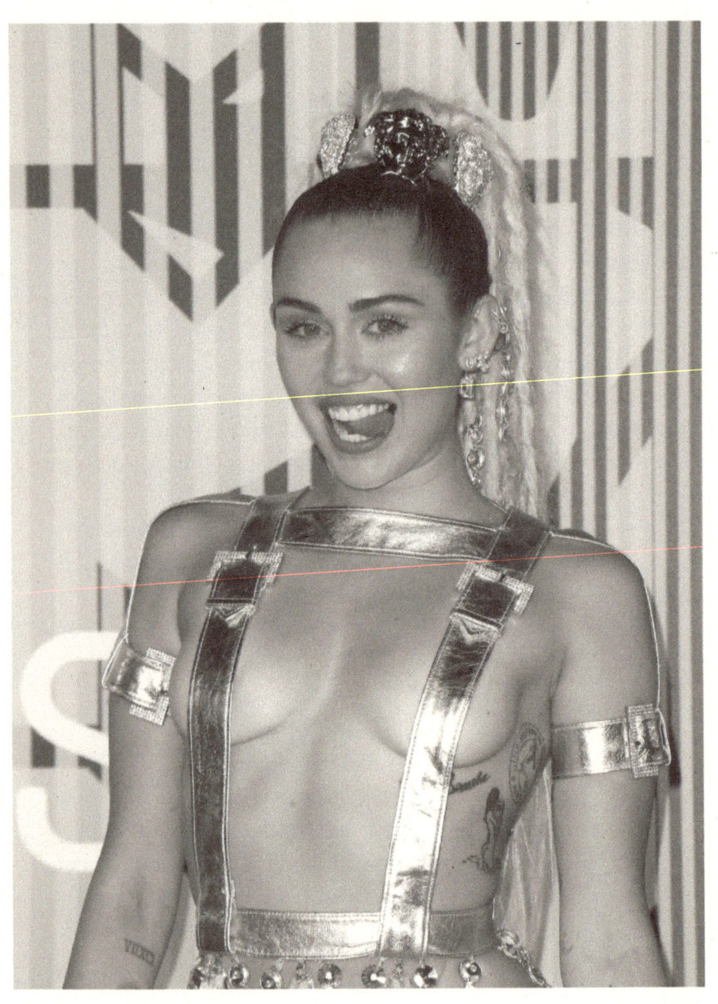

Cyrus bei den MTV Music Awards 2015

Mit etwas Pech dabei wird man ein manipulatives Monstrum wie die Tante von Ashley O in »Rachel, Jack and Ashley Too« oder verzehrt sich komplett im hirnrissigen Bestreben, die Wirkung des eigenen Treibens bis ins Letzte durchzuplanen, selbst für den Fall des Todes, also nötigenfalls vorab die ganze Nachwelt unter die Bestimmungen des eigenen Willens zu stellen.

Als Beispiel dafür fällt mir immer Walt Disney ein. In seinem letzten Lebensjahrzehnt sah der Mann sich der unangenehmen Perspektive ausgesetzt, nach dem Tod als Geschichtenonkel und Geldpopanz im Menschheitsgedächtnis fortzuleben.

Also ließ er sich ein größenwahnsinniges Projekt einfallen, in das er sich bis zu seinem Tod verbohrt hineinsteigerte: Auf einem Gelände in Florida, das an seinen Vergnügungspark Walt Disney World grenzte, sollte eine Stadt der Zukunft entstehen, lückenlos funktional und effizient, mit Wohnrecht nur für Personen, die etwas Produktives zum Gemeinwesen beitragen (wer in Rente gehen will, fliegt raus). Diese Utopie, die sich dystopisch ausnimmt, sollte EPCOT heißen (das Kürzel steht für »Experimental Prototype Community of Tomorrow«). Sie stellte Disneys Gestaltungsintelligenz schon im Planungsstadium vor Schwierigkeiten, weil das Terrain, auf dem der Traum wahr werden sollte, im Wesentlichen trostloses Sumpfgebiet war. Nach Disneys Hinscheiden wurde nichts weiter daraus als ein Strauß von Sonderregelungen, die Steuerliches und Verwaltungstechnisches betrafen. Die hatte man mit der Regierung des Staates Florida ausgehandelt; genutzt wurden sie aber nur, um Angestellte der Vergnügungsparks unter anderswo zum Teil längst verbotenen Bedingungen einzuquartieren und anderweitig zu traktieren. Dieses Arrangement geriet in den frühen 2020er Jahren unter Druck, als der republikanische (und rechtspopulistische) Gouverneur des Staates Florida Ron DeSantis sich mit dem Disney-Konzern anlegte, weil dessen Filme, Fernsehserien und personalpolitischen Entscheidungen dem Mann (und seiner Wählerschaft) zu linksliberal waren.

Für Walt Disneys EPCOT-Flausen hatten sich zu dessen Lebzeiten einige damals sehr große amerikanische Unternehmen interessiert, darunter General Electric, Monsanto, Kodak und die RCA. Man wollte Fabriken in die Nähe des neuartigen Gemeinwesens bauen und denen, die da arbeiten sollten, eine durch und durch saubere, computerisierte Metropole gönnen. Aber nachdem der Visionär sich nicht mehr selbst drum kümmern konnte, beendete Roy Disney, sein Bruder und Amtsnachfolger in der Firma, die Sache, für deren Errichtung niemand je wieder einen Finger krumm machen sollte, mit dem eiskalten Satz: »Walt's gone now«, also schlimmer als tot: weg, abgetan, schon vergessen.

Die giftige Ironie des Vorgangs liegt unter anderem darin, dass Ron DeSantis, der jetzt damit droht, die letzten Überreste der EPCOT-Sage zu beseitigen, mit Walt Disney, dessen Spuren damit ein weiteres Mal getilgt werden, den Impuls gemeinsam hat, die Welt nach seinem Sinn zu ordnen: So wie Walt Disney EPCOT freihalten wollte von Ineffizienz, Rückständen nicht ingenieurs- und generalstabsmäßig ausgerechneten Lebens und anderen Erscheinungen seiner Umgebung, die er für Verfallszeichen, für Dekadenzerscheinungen in seinem utopischen Bild der USA hielt, will jetzt DeSantis Minderheiten, deren Bedürfnisse und Forderungen ihm in der Werbung für »Vielfalt«, mit der die Firma Disney sich fortschrittlich geben will, eine zu große Rolle spielen, aus seinem nach eigenem Gutdünken »aufgeräumten« Florida verbannen.

In Wirklichkeit ist eine Gesellschaft, in der es sich menschenwürdig leben lässt, nie nach den Maßstäben reiner Funktionalität (EPCOT) oder strikt traditionalistischer Moral (DeSantis) eingerichtet, wie das Leuten passen würde, die ihr »Ich will meine Welt so haben«-Impuls in den Sumpf geführt hat, sondern aus der Sicht von Menschen wie diesen, die meinen, sie wüssten, wie alles zu laufen habe, immer ein bisschen »dekadent«, ausgefranst und durcheinander.

Wer die eigenen Grenzen, das heißt auch: die Grenzen der Selbstbestimmung in Gestalt der Selbstbestimmungsansprüche anderer, kennt und ernst nimmt, wird an diesen Grenzen eben nichts begradigen und trockenlegen, was nicht passt, sondern helfen, so gut es geht, wenn jemand in die Spielräume fällt, weil Spielräume manchmal leider auch Schlaglöcher oder Fallgruben werden können.

So sieht es jedenfalls MC, die ihre Konsequenzen aus dieser Einsicht auch gleich zum Steuersparen nutzt, in Gestalt der von ihr 2015 in die Öffentlichkeit getragenen Happy Hippie Foundation, die jungen Wohnungslosen, insbesondere LGBTQ+-Kids und anderen Verwundbaren beisteht.

Viel Geld hat sie auch verschiedenen Aids-Hilfsorganisationen, darunter vor allem mit Forschung befassten, zukommen lassen, denn sie verteilt einen respektablen Anteil ihres Reichtums gern, und immer mit breitem Lächeln – das manchmal ein bisschen breiter als von Natur ist: Auf der *Bangerz*-Bühne hat sie sich in besonders lustigen Momenten ein schadhaftes Show-Gebiss eingesetzt, um sich a) über persönliche Angriffe lustig zu machen, die ihr vorhalten, dass sie mit ihrem vielen Geld auch bei den Segnungen der kosmetischen Zahnmedizin zugreift, und b) das Klischee von den Südstaaten-Hinterwäldlern mit schlechten Zähnen zu veralbern.

»Viel Geld haben« heißt in der gegenwärtigen Gesellschaft, dass man weniger Angst haben muss als, sagen wir, obdachlose queere Jugendliche oder an Aids erkrankte Menschen, die nicht über ein paar Millionen Dollar verfügen, und insofern passen Frechheiten bei der Performance und karitatives Engagement zusammen als Aktivitäten an verschiedenen Frontabschnitten der Abwehr gesellschaftlich produzierter Angst.

Der ungeduckte Genuss der Welt verlangt die Zurückweisung der Verhaltensvorschriften von Gouverneuren, Labelchefs oder Priesterschaften – ihre öffentliche Abkehr vom eigenen christlichen Southern-Baptist-Hintergrund zum Beispiel hat MC damit begründet, dass im entsprechenden Gemeindeleben zu wenig Mitgefühl, Toleranz, Verständnis gegenüber beispielsweise denjenigen Menschen zu finden sind, denen ihre Happy Hippie Foundation helfen soll.

3. Furcht? Nein, danke

Angstlosigkeit zeichnet aber nicht nur ihr Verhältnis zu anerkannten oder angemaßten Autoritäten aus, sondern auch ihre Position gegenüber schwerer greifbaren Einschränkungen der Freiheit des (nicht allein künstlerischen) Ausdrucks, nämlich Phänomenen wie »Zeitgeist« oder »guter Geschmack«, siehe abermals die künstlich schiefen Beißer, aber auch das »uncoole« oder »peinliche« Umarmen eines lebenden Schweinchens im Kontext von keineswegs »geschmackvoll erotischen«, sondern ziemlich schrägen Quasi-Porno-Fotos für *Paper* 2015, oder der kieksende, auf Würde und Schwere des Auftritts absolut nicht bedachte Ton, in dem sie als Roboterfratze Mainframe dem Kollegen Sylvester Stallone und ein paar Edel-Chargen in dem Comic-Film *Guardians of the Galaxy 2* (2017) mitteilt: »I've missed you guys so much!«

Man hat erfreulich oft den Eindruck, dass MC einen Dreck darauf gibt, was die Stimme der anonymen Meinerei im Netz als »cringe« einstufen könne. Wer sich an solcher »Cringe«-Scherbengerichtsbarkeit beteiligt, ist bis ins hinterste Hinterhirn verspießert und fällt zur Strafe dann nicht selten auf Schwiemelmalerei von Luc Tuymans, die Musik von Brit-Pop-Retro-Band-Attrappen und die Filme von Paolo Sorrentino herein. Das Thema »Wir lehnen irgendetwas ab und nennen es peinlich, um uns zu unserer Urteilskraft zu gratulieren« war für ausgeschlafene Zeitgenossenschaft schon erledigt, als die Satirezeitschrift *Titanic* in Deutschland noch ihre Monatsrubrik peinlicher Persönlichkeiten führte – im April 1985 schrieb Diedrich Diederichsen in *Spex*: »Wer glaubt, heute als freier Sinnstifter und Erbauungsproduzent davonkommen zu können, ohne sich zum Affen zu machen, lügt. Gute Leute erkennt man daran, dass sie dies erkennen und damit arbeiten.« Diederichsen nannte damals Martin Fry von ABC, John Cale und Prince als positive Beispiele. MC passt dazu, denn auch sie stellt sich einem Phänomen in den Weg, das Diederichsen damals den »Niedergang« der Popmusik nannte, nämlich das Abrutschen dieser Musik ins Geschmacksidiotentum bis zu einem Punkt, an dem die ganze Kunstform »nur noch Umgangsformen verteidigen will. Ästhetische Höflichkeiten.«

Das kann einer Künstlerin nicht passieren, die sich die Angst vor Coolness-Defiziten mit jeder neuen Kunstäußerung verbietet. Sie bannt und überwindet diese Angst nach dem von Frank Möller alias Knarf Rellöm 1999 ausgegebenen Motto »Fehler is King!«, oder mit MC selbst, aus »BB Talk«: »Dude, as if I'm not awkward enough!« Toleranz, also die Achtung anderer auch in deren gelegentlicher Seltsamkeit oder Unbeholfenheit, kann mit solchen Losungen gelernt wie gelehrt werden (wäre sie dazu nicht fähig, hätte MC es nicht nur als Star, sondern auch privat schwer; ihre Eltern veranstalten zum Beispiel viel Zirkus: Trennung 2010, Wiederverbandelung 2011, erneute Trennung 2022, und am 10. Oktober 2023 hat Billy Ray eine australische Sängerin mit dem nicht gerade superseriösen Namen »Firerose« geheiratet, die von sich sagt, ihre größten Vorbilder seien unter anderem Alanis Morissette und Sia. Anders als im Geist der Toleranz hält so ein Familienleben niemand durch).

Wie diese *awkwardness*, dieser offensive Umgang mit »cringe«, live aussieht, zeigt sich in der 2014 veröffentlichten, vom Regieduo Diane Martel und Russell Thomas verantworteten Videodokumentation der *Bangerz*-Tour: Als die Band bei »Can't Be Tamed« ein Tempo vorlegt, dem MC singend nicht mehr folgen kann, weil sie auch noch tanzen, twerken und gestisch-mimischen Kontakt mit dem riesigen Live-Publikum halten muss, verfällt sie nicht in Panik, sondern meistert die Lage durch den stolprigen Übergang in einen ratternden Sprechgesang, der sie wieder zur Spielmacherin avancieren lässt, deren Aktionen nun wieder die anderen, zum Beispiel die ganze Tanztruppe, nur noch mit äußerstem Einsatz folgen können.

Künstlerisch ist freihändige Arbeit mit Peinlichkeit eine der Grundzutaten von Komik, einer Performancegattung, für die MC deshalb auch hin und wieder rekrutiert wird, von *Two and a Half Men* bis zur von Woody Allen für Amazon Studios gedrehten 1960er Polit-Retro-Farce *Crisis in Six Scenes* (2016).

Diese Miniserie ist ein eher durchwachsenes Produkt, in gewisser Weise typisch für das uneinheitliche Spätwerk dieses berühmten Kinokomikers, der darin seinen immergleichen Part eines ängstlichen, hyperreflektierten, opportunistischen, aber amüsanten Intellektuellen spielt, diesmal als Schriftsteller, verheiratet mit einer nuschelnden und lispelnden Eheberaterin, die Elaine May verkörpert. Diese Gattin gewährt (mehr notgedrungen als freiwillig) einer vom FBI gejagten jungen und äußerst militanten Anti-Vietnamkriegs-Aktivistin Unterschlupf, die eines Nachts bewaffnet und ohne andere Versteckoptionen in das Haus einbricht, in dem die Allen-Figur und seine beschwipste Frau wohnen. Viel Vernünftiges gibt das verzettelte Skript und die tüdelige Regie MC in der Rolle der Einbrecherin nicht zum Spielen vor, aber die leichte Unterforderung wird von ihr als Herausforderung verstanden: Wenn meine Rolle schon nicht rund ist und die Serie nicht triftig, dann kommt's eben auf die Einzelszenen an, in denen ich mich mit einem Mann, der zwar als Filmemacher langsam nachlässt, als witziger Schauspieler aber immer noch seinesgleichen sucht, messen kann.

So serviert sie einen kleinen Hetzmonolog über Kapitalismus, Staatsterror und gebührenpflichtige Toiletten, der zugleich ein indirektes Duell mit Woody Allen ausficht, das sie über die Bande spielen muss, im Gespräch mit Elaine May, während er daneben reagiert, selbst wieder von MC wahrgenommen wird, die auf die Reaktion reagiert und so weiter, wobei MC gleichzeitig aggressiv und verwirrt, unverschämt und hilfesuchend klingt, was ihr so schnell niemand wird nachmachen können.

Was sie am besten kann, auf der Bühne, im Studio, im Fernsehen oder im Kino, ist die Herstellung von Situationen, in denen die Angst davor, man könnte sich blamieren, die Luft anhalten muss – MC hilft den Fans so gegen das Schwindelgefühl, das Unwohlsein im Privaten und Öffentlichen, wie ihr in »Party in the USA« die Musik anderer aus einem eigenen flauen Moment im Taxi hilft und später dann das Ankommen in einem neuen Kreis von Menschen erleichtert – zuerst: »Too much pressure and I'm nervous / That's when the taxi man turned on the radio / And a Jay-Z song was on«, und später im selben Song dann mit einer Verbeugung vor einem anderen Vorbild: »Too much pressure and I'm nervous / That's when the DJ dropped my favorite tune / And a Britney song was on«.

Der Effekt ist Ermutigung, übrigens auch bei den drastischeren Sexkunst-Eskapaden von MC, am deutlichsten wohl auf den *Candy*-Fotos, wo sie als Polizistin Fetisch-Dress-Up spielt, mit Porno- wie Autoritätshandwerkszeug hantiert und damit das Gegenteil von Erniedrigtsein oder Verfügbarsein vorführt, unversehrt, unbehelligt, eine Demonstration der Autonomie – wie die Szene in der »A Scandal in Belgravia«-Episode der *Sherlock*-Serie mit Benedict Cumberbatch aus dem Jahr 2012, geschrieben vom Showrunner Steven Moffatt, inszeniert von Paul McGuigan, in der die geniale Antagonistin Irene Adler, gespielt von Lara Pulver, dem berühmten Krimirätselknacker Sherlock Holmes nackt gegenübertritt, um ihm zu zeigen, dass seine berüchtigte Intelligenz sie nicht einschüchtert – der Dialog nennt das ihren »battle dress«, also »Kampfanzug« (unbedingt auf der DVD-Ausgabe den Kommentar der Beteiligten zu dieser Szene anhören!).

Nackte Haut kann wirklich ein Kostüm sein und sogar eine Rüstung (das Ganze ist ein für Moffats Stil typisch postmoderner Zitateinfall, es gibt nämlich einen Nacktauftritt der Figur Gabrielle Valadon, verkörpert von Geneviève Page, in Billy Wilders *The Private Life of Sherlock Holmes* aus dem Jahr 1970, auf den sich Moffat hier bezieht). Aber das hat einen Haken: Der unbekleidete Leib kann, besonders als weiblicher, auch Käuflichkeit, sexuelle Verfügbar- und Dienstfertigkeit signalisieren, »das Nackte als das unsichtbar Verpackte«, die atmende Ware – das irrste und damit wahrhaftigste Sinnbild dieses Tatbestandes hat Jess Franco gegen Ende von *Shining Sex* inszeniert, indem er seinen Star Lina Romay dort einerseits völlig schutzlos vor die Kamera legt, ihren Körper aber andererseits mit Glitter und Glimmer belegt. So stirbt die Figur, die Romay spielt, haucht aber noch eine Warnung vor »Wesen« unklarer Beschaffenheit, womit sie vielleicht die herrschende Klasse einer künftigen Epoche meint, in der nicht mehr, wie im guten alten Kapitalismus, Leiber vermietet werden, sondern unmittelbar, ohne Vertrag oder Feilschen, den Launen der Macht ausgeliefert sind, »besessen« von jenen »Wesen«, wie Romay im Film erklärt, also vom »automatischen Subjekt« (Marx), vielleicht über eine Art Neuralink; Elon Musk lässt schon daran arbeiten.

Für MC bedeutet dieser Haken am Nackten, dass sie mitbedenken muss, welches Kostüm, ver- oder enthüllend, jeweils welcher Stufe ihrer selbstbestimmten Entwicklung entspricht. Wenn das jemand nicht verstehen will, dann sagt sie, was sie im Song »Used to be Young« aus dem August 2023 sagt: »I don't dress the same«, und »you say I used to be wild / I say I used to be young«, aber ich übernehme Verantwortung auch für das, was ein Imagewechsel nicht so einfach ändern kann, »like tattoos and regrets«.

Der oft bemerkte Kontrast zwischen der sexuell provokanten und der romantischen MC – Letztere hat ihren festen Platz auf allen Alben, nicht nur bei Balladen – ist, wenn man das Muster »Ermutigung gegen Angst« einmal erkannt hat, gar nicht so groß, wie einige wollen, die den Bruch mit der *Hannah Montana*-Zeit, aus dem die heutige MC überhaupt erst hervorgegangen ist, nur an der Freizügigkeits-Elle messen: Man kann gegen Angst auch lustig Verstecken und Verkleidung spielen, man kann Selbstbewusstsein eben auch in vielerlei Farben und Lichtwechsel kleiden, man muss nicht nackt sein, man braucht sich, wenn man das lernen will, nur die Videoclips zu »Malibu« (2017) oder »Flowers« (2023) anzuschauen, da spricht sie durch bunte Tücher wie eine Dichterin durch Bücher, es hat wirklich was von Emily Dickinsons Verfahren, die Dinge einerseits überraschend offen anzusprechen und sie dann andererseits wieder leicht raunend zu verbergen.

Vor 30, gar vor 40 Jahren war der mobilisierende Effekt, der von Popkultur ausgehen konnte, gesellschaftlich plausibler als heute. Denn in den industrialisierten Zentren, wo diese Musik gemacht und von wo aus sie in alle Welt vertrieben wurde, gab's noch eine relativ breite Besitzstreuung (gemessen an der heutigen Kapitalkonzentration), soziale Sicherungssysteme (als Erben der Arbeiterbewegung oder Kompromissergebnisse in Richtung, wie das in Deutschland so putzig hieß, »Sozialpartnerschaft«, eine Bürokratieformel für das, was in den USA eine Weile vorher, in den 1930ern, »New Deal« geheißen hatte und wieder etwas später, in den 1960ern, »The Great Society« hieß), also viel echte soziale Mobilität, wenn schon nicht vom Tellerwäscher zum Millionär, so doch beispielsweise vom Arbeiterkind zur verbeamteten Lehrerin oder zum kleinbürgerlichen Schreibwarenladenbesitzer, vor allem: in die eigene Wohnung, wo einem keine Vermieterwillkür mehr den Abend nach dem ausreichend anstrengenden Arbeitstag verderben kann. Junge Leute, die sich von Popmusik dazu inspirieren ließen, aus vorgefertigten Lebensbahnen auszubrechen, hatten eine Welt in Sichtweite, die zwar verlangte, dass man die allzu rauschhaften Teenager-Experimente irgendwann einstellte, sich anpasste, die Hörner abstieß und sich irgendwo anstellte, wo ein paar sozioökonomische Tröstungen und Belohnungen für Wohlverhalten ausgegeben wurden, aber dafür echte Freiheiten bot.

Danach sieht's im Moment nicht aus.

Aber das bedeutet nicht, dass Glücksversprechen und inspirierende Pop-Impulse nicht mehr gebraucht würden, im Gegenteil, oder dass sie reine Lügen, reine Flucht-Phantasien in auswegloser Lage wären – solange sich Leute was anderes vorstellen und wünschen können als das Vorgefundene, soll man die Möglichkeit nicht ganz ausschließen, dass sie dieses Vorgefundene überwinden, abschaffen oder ändern könnten, es ist ja von Menschen in Menschengrenzen gemacht, und zu denen gehört, dass sie sich verschieben lassen; es sind selten mit Naturgesetzen direkt identische Grenzen.

Deshalb ist eine rein entlarvende Popkritik, die immer nur herausfindet und freilegt, was eh alle wissen, dass nämlich Filme, Serien, Musik Leute auch ruhigstellen, von nötigen Auseinandersetzungen ablenken, ihnen Scheiß verkaufen, den sie nicht brauchen, und so weiter, steril und witzlos.

Selbst bei Disney, einem Kraken, der am liebsten ein Weltmonopol wäre und dessen Fachkräfte bereits offen davon reden, dass man die Kreativen an der Drehbuchfront doch auch

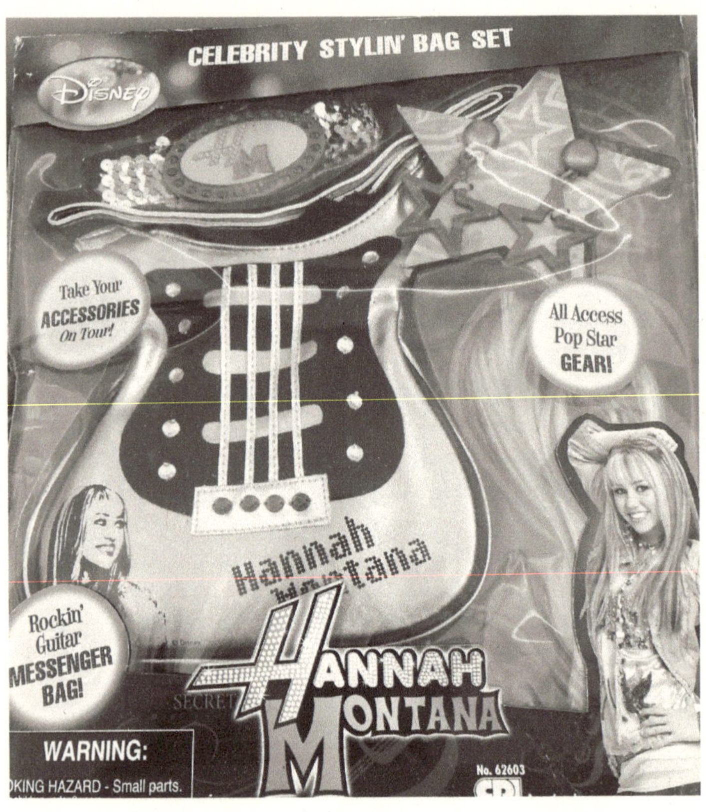

Celebrity Stylin' Bag Set

durch Künstliche Intelligenz ersetzen könne, gibt es Leute, die den einen oder anderen funkelnden, mehrdeutigen, mit- oder hinreißenden Moment erzeugen, vielleicht sogar bewusst als »Ätsch!« gegen den Arbeitgeber.

Man muss diese Menschen deshalb nicht gleich mit dem Aufklärer Jean Meslier verwechseln, der sich bei der Kirche eingeschlichen hat, oder mit dem marxistischen Gelehrten Alfred Sohn-Rethel, der beim »Mitteleuropäischen Wirtschaftstag« der Nazis Beobachtungen notierte, die bis heute das Verständnis der Pläne und Methoden dieser Horrorregierung erleichtern.

Aber Karl Marx zum Beispiel sah selbst bei einer klassisch herrschaftstützenden Einrichtung, der Religion, ein Ineinanderwirken von zwei Seiten: Die Religion sei »in einem der Ausdruck des wirklichen Elendes und in einem die Protestation gegen das wirkliche Elend. Die Religion ist der Seufzer der bedrängten Kreatur, das Gemüt einer herzlosen Welt, wie sie der Geist geistloser Zustände ist«, und das kann nun wirklich auch sehr viel Pop beschreiben.

Wenn man entscheiden will, womit man's jeweils zu tun hat – Weckruf, Stärkung, Einlullen, Hypnose, Verführung, Verblödung, Anregung? –, wird man ums Hinschauen und Hinhören nicht herumkommen. Da hilft keine vorgefasste kritische Absicht, kein skeptischer Vorsatz, kein Abstand zum Peinlichen.

MC sendet Sachen, die noch nicht fertig sind.

Die Stimme ist verblüffend dunkel, wenn sie gerade nicht singt. Es kann sein, dass sie mit den Jahren noch nachdunkelt. Aber beim Sprechen wie beim Singen ist zu hören: Sie lädt zu etwas ein, das ebenfalls noch nicht fertig ist, in der Dunkelheit der herrschenden Zustände. Vielleicht kann man dazu tanzen oder mitsummen, bis es endlich hell wird, draußen wie inwendig innen,

that's when the taxi man turned on the radio
and a Miley song was on.

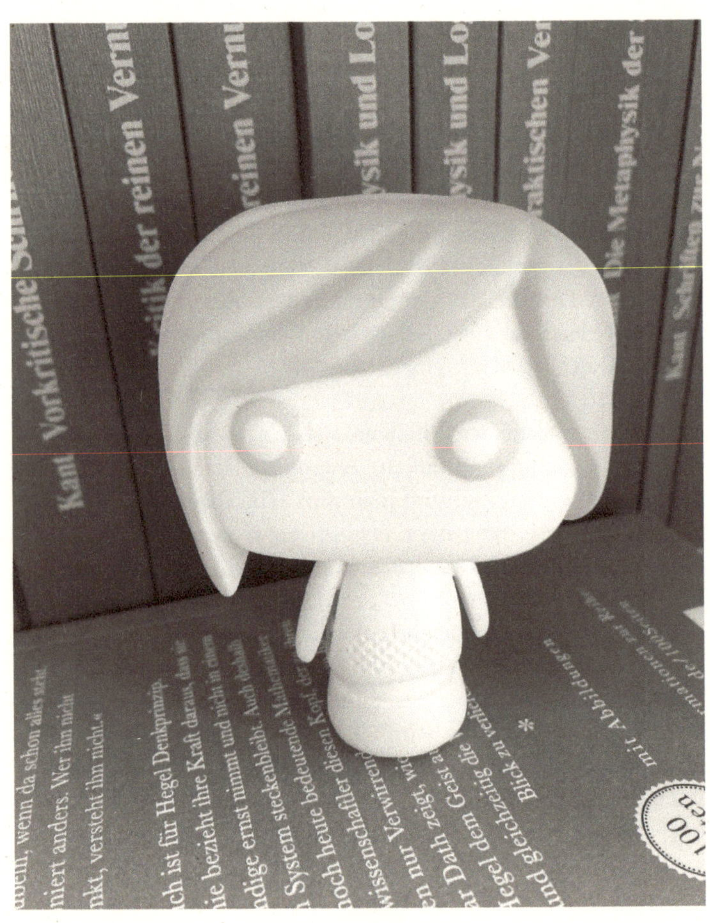

MC zum Hören, Sehen und Lesen

Alben

- Hannah Montana 2: Meet Miley Cyrus (Hollywood Records / Walt Disney Records) 2007
- Breakout (Hollywood Records) 2008
- Can't Be Tamed (Hollywood Records) 2010
- Bangerz (RCA Records) 2013
- Miley Cyrus & Her Dead Petz (Smiley Miley Inc.) 2015
- Younger Now (RCA Records) 2017
- Plastic Hearts (RCA Records) 2020
- Endless Summer Vacation (Columbia Records) 2023

Filme & Serien (Auswahl)

- Big Fish (2003)
- Hannah Montana (2006–2011)
- Hannah Montana – Der Film (2009)
- LOL (2012)
- Two and a Half Men (2012)
- Crisis in Six Scenes (2016)
- Black Mirror (2019)

Literatur

Peter Gorsen: Sexualästhetik. Zur bürgerlichen Rezeption von Obszönität und Pornographie. Reinbek bei Hamburg 1972.

Sarah Oliver: She Can't Stop. Miley Cyrus: The Biography. London 2014.